Andalucía: cinco miradas críticas y una divagación

Clarín, Azorín, Eugenio Noel, José Ortega y Gasset,
Juan Gil-Albert y Luis Cernuda

Andalucía: cinco miradas críticas y una divagación

Edición de ALBERTO GONZÁLEZ TROYANO

Fundación José Manuel Lara
Ensayo (clásica

Ensayo / Clásica

Primera edición: mayo, 2003

c/ Fabiola, 5. 41004 Sevilla (España)

Diseño de colección: Manuel Ortiz

Maquetación: Viqui R. Gallardo

Impresión y encuadernación: A & M Gràfic, S. A.

Dep. Legal: B-22.022-2003
ISBN: 84-96152-06-5
Printed in Spain-Impreso en España

INTRODUCCIÓN

Los datos parecen coincidir en que el descubrimiento literario de Andalucía –el interés por convertirla en objeto de observación, en centro de relatos, en espacio ritualizado de tránsito– surgió al mismo tiempo que en otros lugares de Europa se daban situaciones similares. El aprecio por lo propio, la admiración por lo exótico –dos caras de un mismo sentimiento– adquieren desde principios del siglo XIX un cauce bien trabado, con buenas justificaciones teóricas que alientan un nuevo tipo de peregrinaciones. La oleada de emocionalismo que traía consigo el movimiento romántico –sobre todo en su versión alemana– encontró en los paisajes regionales, en los tipos enraizados en su ambiente local, buenos motivos para acercarse a ellos y convertirlos en pródiga fuente literaria.

Lo que debió de ser, pues, un fenómeno, una tendencia general encontró en Andalucía unos soportes que justificaron aún más esa disposición. Su propia diversidad espacial, la superposición y conglomerado de sus culturas, la presencia de personajes singulares, la imagen de un tiempo que aparentaba haberse quedado retenido en el pasado, todo eso contribuyó a estimular el prestigio literario de una región que estaba todavía en Europa pero exhibía componentes que una mentalidad, ansiosa de novedades, podía situar en horizontes mucho más lejanos y exóticos.

La complicidad, pues, entre lo que el escenario andaluz atesoraba, cara a las demandas de ciertos escritores y lectores, debió funcionar bien durante aquellas décadas: se fraguaron una serie de estereotipos y se creó una fértil industria cultural que tuvo Andalucía como referencia y que, desde entonces, la impuso como un espacio geográfico y cultural diferenciado.

En la articulación de ese proceso, se suele hacer recaer un papel primordial en los viajeros extranjeros, ya que esa función iniciática encaja muy bien con la propia imagen desvelada, atribuyendo su descubrimiento, su *invención*, a una sensibilidad romántica exterior. Aparecía así una Andalucía primitiva, agreste y apasionada, que aguardaba, casi literariamente virgen, las escrutadoras miradas de unos iluminadores literatos europeos. Y estos, sin pudor, descorrieron sus atractivos culturales y los dispusieron para ser apreciados por las exquisitas civilizaciones de las que procedían.

Una cristalización de este tipo sólo pudo llevarse a efecto con una actitud muy selectiva por parte de los inductores y avaladores del proceso. Lógicamente la mirada que proyectaban sobre el mundo meridional de la península ibérica siempre tendía a resaltar, ocultar, o extrapolar, de acuerdo con sus afinidades y gustos. No debe extrañar, por tanto, que el objeto elegido –Andalucía– fuese sobre todo una ocasión y un pretexto para elaborar el constructo que andaban buscando –a partir de su imaginario– y, para configurarlo, debieron mezclar parte de lo encontrado con parte de lo deseado y soñado. Así, las costumbres nativas de los andaluces fueron interpretadas de manera que pudieran ilustrar conceptos tales como sensualidad, primitivismo, rebeldía, honor, caballerosidad, crueldad, necesarios para hacer coincidir las apetencias literarias de subjetividades tan dispares, con el mito previo que sobre estas tierras cada uno se había forjado.

Dados los factores personales y de época que ahí se conjugaban, sería excesivo descender a pedirles a aquellas evocaciones una cierta coincidencia con nociones tales como realidad, veracidad o exactitud. Sin embargo, como en tantas otras creaciones literarias, las imágenes propagadas alcanzaron tal acogida que acabaron por imponerse y transmitirse, gracias a un poder de sugestión que desbordaba cualquier exigencia de mímesis. El resultado fue una Andalucía *sobredeterminada* que sirvió de escenario acorde para ambientar las más diversas obras y evocaciones desde las más livianas y rosadas a las más negras y trágicas.

Este copioso préstamo abrió, pues, incitaciones y caminos y, durante décadas, llenó de libros de viajes y de ficción los escaparates de las librerías y revistas europeas y los escenarios de los teatros, con elaboraciones, más o menos logradas e, incluso, con la aportación de algunos personajes que luego desbordaron el marco andaluz, para situarse como figuras entronizadas en la gran literatura, como pudo ser el caso de *Carmen*[1]. Pero el problema surgió cuando, desde parte española, se le quiso buscar fundamentos o justificación real a todo ese despliegue imaginativo; no aceptando mantenerlo en el estatuto de mera producción literaria. Lo que, en principio, fue un dispositivo de impresiones personales; en las que se daba cuenta de un viaje elegido, de unas aventuras, de unos habitantes y de unos paisajes, adquirió la dimensión de una larga serie de testimonios, a través de los cuales Andalucía, de ser un objeto apenas diferenciado, había pasado a forjarse un reconocimiento y una identidad.

La susceptibilidad de muchos españoles ante la mirada de ese *otro*, del extranjero, y ante la imagen que sus escritos podían promover, despertó unas reacciones que habrían de encadenarse durante más de un siglo. Dando así a entender una manifiesta y exagerada dependencia respecto de la opinión exterior, pero ese motor obligó de todos modos, por ello mismo, a un cierto autoanálisis y a establecer visiones comparativas entre los testimonios ajenos y los propios. Bien para sentirse complacido con lo que los extranjeros contaban, o indignado con su pintoresquismo, el resultado fue el nacimiento de un claro interés por enfocar, con ánimo valorativo, aquello mismo que los otros habían puesto sobre la mesa literaria. Todo ello porque «durante un buen trecho del XIX y del XX se confundió miserablemente el prototipo artístico-literario con la realidad

1. Véase la controversia despertada por este personaje en A. González Troyano: *La desventura de Carmen*, Espasa-Calpe, Madrid, 1990.

geográfica-administrativa»[2], transformando la funcionalidad de esas obras, hasta llegar a considerarlas como documentos identitarios.

Andalucía había recibido, pues, una atención literaria significativa, pero al mismo tiempo esa forma de sentirse resaltada la expuso ya, desde entonces, a la polémica y a la confrontación. Entre otras cosas porque si su territorio había sido ocasión y pretexto para proyectar las ensoñaciones románticas, pasó a asignársele una cierta culpabilidad por la imagen pública que esos extranjeros habían pregonado. Nacía, por tanto una entidad geográfica y cultural diferenciada, pero con la hipoteca y el lastre de ser también ocasión y pretexto para dirimir otras cuestiones sociales que en la España de aquel tiempo cobraban ya fuerza.

Coincidía, además, el descubrimiento regional de Andalucía con la articulación de la propia España como nación, que, tras los acontecimientos de las Cortes de Cádiz, de la Guerra de la Independencia y del represivo reinado de Fernando VII, se disponía en la tercera década del siglo a plantearse su destino, con los consecuentes antagonismos políticos que ello propiciaba. Ante ese nuevo embate de la modernidad, las opciones ideológicas a defender fijaban su interés en referencias y valores distintos. Y ahí entraron en discusión los símbolos más llamativos de la Andalucía romántica puestos en juego. Que, en muchos casos, por su excesivo peso, cargado de connotaciones, traspasaron las fronteras regionales para, en singular sinécdoque, prestar y recubrir con similares rasgos identitarios al conjunto del país. El mismo Ortega al escribir su *Teoría* hará partir de este momento lo que él llama la «influencia hegemónica» de Andalucía durante todo el siglo XIX.

Por otra parte, entre tantas y tan diversas miradas y fabulaciones románticas que habían enfocado la geografía y la vida andaluza, resultaba muy difícil seleccionar y erigir una imagen unitaria. Cualquier intento de este tipo siempre debía ser reductor, al tener que desprenderse de aspectos no

2. Félix de Azúa: «El mito de la Andalucía romántica» en *El aprendizaje de la decepción*, Pamiela, Pamplona, 1989; pág. 157.

integrables en las generalizaciones. Y más, tratándose de un espacio como el de la propia Andalucía, aglomerado cultural a la que sólo una denominación administrativa prestaba cierta unidad y cuando, por otra parte, había sido este aspecto heterogéneo y plural lo que más había cautivado a las dispares sensibilidades de los escritores extranjeros. En palabras de Víctor Hugo era la supuesta «armonía de tantas contradicciones» la base en la que reposaba el atractivo andaluz. Contradicciones que muchos se percataron de recoger en sus libros: basta acudir a uno de los más conocidos, Borrow, para comprobar que la plenitud de una cara no les ocultaba siempre la miseria presente en otras, como puede deducirse de estos comentarios de su visión de Sevilla: «Yerto, yerto debe de estar el corazón que permanezca insensible ante ese paisaje mágico, al que apenas podría hacer justicia el pincel de Claudio mismo», y añade seguidamente: «El interior de Sevilla no corresponde en casi nada con el exterior. Las calles son angostas, mal pavimentadas, llenas de suciedad y mendigos».

Sin embargo, algunos escritores españoles dedujeron que la imagen exaltada prioritariamente, la que servía para identificar el mundo andaluz, era sólo la más pintoresca, agitanada y castiza, sintiéndose negativamente aludidos, ya que propagaba la existencia, con carácter representativo, de unos personajes y de unas escenas que, bajo la capa de un cierto primitivismo, exhibían el retraso de Andalucía y, consecuentemente, de España. Esta reacción enlazaba con una actitud que venía de lejos, de la Ilustración dieciochesca. Por entonces, una serie de hombres de letras, comprometidos con la modernización del país, ya habían mostrado su desacuerdo con la tendencia que experimentaban ciertos sectores de la aristocracia española por los ambientes populares, colindantes con el gitanismo y la tauromaquia. Este apego por lo más castizo se había originado como una reacción frente a los intentos de europeización en aficiones, indumentaria y gestos, emprendidos por ciertos grupos ilustrados y cosmopolitas y por elementos de la nueva burguesía emergente. Esta exhibición de un nuevo prestigio social basado en las modas extranjerizantes, ponía en peligro, en opinión de las mentalidades más tradicionalistas, la permanencia de ciertos tipos de comportamientos ancestrales. Y esto pudo obligar a que algunos sectores radicalizaran sus gustos e indumentarias de siempre, con el fin de neutralizar la ofensiva modernizadora.

La ciudad de Cádiz desempeñó a estos efectos una función primordial: la presencia durante la última parte del siglo XVIII de una significativa colonia de comerciantes extranjeros, contagió sus hábitos a la nueva burguesía de negocios local. Los que anhelaban modelos que contraponer a los seguidores de lo europeo, encontraron la mejor réplica en los ambientes populares gaditanos, aireados en los sainetes y tonadillas, y en los barrios y tabernas frecuentados por el mundo plebeyo del majismo[3]. Y ahí fraguaron una serie de figuras y actitudes castizas que iban a ser vivamente denunciadas por los ilustrados. El motivo es atinadamente descrito por Ortega: «Durante el siglo XVIII se produce en España un fenómeno extrañísimo que no aparece en ningún otro país. El entusiasmo por lo popular, no ya en la pintura, sino en las formas de vida cotidiana, arrebata a las clases superiores. Es decir, que a la curiosidad y la filantrópica simpatía sustentadoras del popularismo en todas partes, se añade en España una vehementísima corriente que debemos denominar "plebeyismo" [...] Y si, en vez de la dosis habitual de ese juego imitativo de lo plebeyo, nos representamos un entusiasmo apasionado y exclusivo, un verdadero frenesí que hace de él, ni más ni menos, el resorte más enérgico de la vida española en la segunda mitad del siglo XVIII, tendremos circunscrito el gran hecho de nuestra historia que llamo "plebeyismo"»[4].

Ese preciso entusiasmo es el que va a describir Cadalso en la VII de sus *Cartas marruecas*, al retratar al joven aristócrata que el narrador

3. Julio Caro Baroja ha recopilado espléndidos testimonios, tanto en *Temas castizos* (Istmo, Madrid, 1980) como en *Ensayo sobre una literatura de pliegos de cordel* (*Revista de Occidente*, Madrid, 1969), sobre el majismo como fermento inicial para una literaturización castiza de Andalucía. En este mismo aspecto incide el trabajo de A. González Troyano: «La figura teatral del majo» en *Teatro español del siglo XVIII* (Universidad de Lérida, 1996).

4. J. Ortega y Gasset: «Goya y lo popular» en *Obras completas*, VII, Alianza, Madrid, 1989; pág. 523.

encuentra camino de Cádiz y que, llegada la noche, le ofrece hospitalidad en el cortijo de su abuelo. El joven no sólo se caracteriza por el plebeyismo de su indumentaria y por la ostentación que hace de sus grandes pasiones «tocar una seguidilla» y «ponerle una vara» a un toro, también, al mismo tiempo, por el rechazo de cuanto implique una educación ilustrada. Dada la intención testimonial y representativa que Cadalso puso al escribir estas cartas, con su deseo de captar los rasgos del «carácter nacional» español, no pueden considerarse estas escenas como meras anécdotas más o menos pintorescas, al estilo de las que pulularán, más tarde, en las revistas románticas. Ahí quiso dar cuenta de una situación que él creía muy preocupante: la atracción y entrega de una cierta nobleza –más agraria que cortesana– al mundo del gitanismo, del flamenco y de los toros. Fenómeno por el que sentirá igual repulsa Jovellanos, mostrada en su sátira dedicada a denunciar «la mala educación de la nobleza», publicada, en 1787, pocos años después de que Cadalso escribiera la suya. El paralelismo y simetría entre los dos jóvenes es muy expresivo, sólo los diferencia el lugar geográfico.

No parece exagerado atribuirle a esta carta de Cadalso el papel de un texto fundacional. Porque en él estaban, ya en 1774, la mayor parte de las claves interpretativas que respecto a Andalucía se desplegarán a lo largo de los dos próximos siglos. Por una parte, y a pesar de su enfoque crítico y desdeñoso, encierra una vívida reconstrucción literaria de lo que pudo ser uno de los primeros testimonios[5] de una juerga flamenca en Andalucía. Además adelanta una bien trabada «fisiología» de la figura e ideales del *señorito* andaluz, un tipo que tanto juego social y literario desempeñará en la posterior vida agraria y urbana de la región. En este personaje confluyen todos

5. Otros testimonios, aunque con un enfoque más irónico que crítico, pueden ya encontrarse en muchas piezas del sainetista gaditano Juan Ignacio González del Castillo, sobre todo en *Los caballeros desairados* y *El maestro de la tuna*. Véanse sus *Obras completas* (Madrid, 1914) y la reciente edición de sus *Sainetes* (Fundación Municipal de Cultura, Cádiz, 2000). En múltiples tonadillas de la época también se documentan escenas similares.

esos componentes de majismo, plebeyismo y casticismo[6], tan necesarios para reconocer, más tarde, la mentalidad de unas determinadas clases dirigentes andaluzas. Incluso por su entrega a un cierto hedonismo –con su sentido lúdico de la vida y rechazo de cualquier referencia a una educación y trabajo productivo–, en este joven hay ya una cierta encarnación premonitoria de lo que, más tarde, Ortega, en su *Teoría* llamará el «ideal vegetativo» presente en la vida andaluza. Pero también, al mostrar Cadalso su postura crítica ante las escenas –tras la voz del narrador es fácil advertir la opinión del propio autor– anuncia y sedimenta ya las actitudes despectivas y detractoras que hacia el flamenquismo tendrán los múltiples herederos ideológicos de la Ilustración. Y, como podrá comprobarse, las principales objeciones de Eugenio Noel ante el flamenquismo de los señoritos ya están contenidas en los párrafos de esta carta.

6. Quizás merezca la pena recordar parte de la escena: «Todos gritaban: ¡Viva el señorito! Y hasta el tío Gregorio, que es hombre de pocas palabras, exclamó: –Lo ha hecho usía como un ángel del cielo. [...] Dándome cuenta del carácter del tío Gregorio y de otros iguales personajes, llegamos al cortijo. Presentóme a los que allí se hallaban, que eran amigos o parientes suyos de la misma edad, clase y crianza, y se habían juntado para ir a una cacería; y esperando la hora competente, pasaban la noche, cenando, cantando y hablando, para todo lo cual se hallaban bien provistos, porque habían concurrido algunas gitanas con sus venerables padres, dignos esposos y preciosos hijos. Allí tuve la dicha de conocer al señor tío Gregorio. A su voz ronca y hueca, patilla larga, vientre redondo, modales ásperos, frecuentes juramentos y trato familiar, se distinguía entre todos. Su oficio era hacer cigarros dándolos ya encendidos de su boca a los caballeritos, atizar los velones, decir el nombre y mérito de cada gitana, llevar el compás de las manos cuando bailaba alguno de sus más apasionados protectores, y brindar a sus saludes con medios cántaros de vino. Conociendo que venía cansado, me hicieron cenar luego y me llevaron a un cuarto algo apartado para dormir, destinando un mozo del cortijo que me llamase y condujese al camino. Contarte los dichos y hechos de aquella academia fuera imposible, o tal vez indecente, sólo diré que el humo de los cigarros, los gritos y palmadas del tío Gregorio, la bulla de todas las voces, el ruido de las castañuelas, lo destemplado de la guitarra, el chillido de las gitanas, la quimera de los gitanos sobre cuál había de tocar el polo para que lo bailase Preciosilla, el ladrido de los perros y el desentono de los que cantaban, no me dejaron pegar los ojos en toda la noche. Llegada la hora de marchar, monté a caballo, diciéndome a mí mismo en voz baja: ¿Así se cría una juventud que pudiera ser tan útil si fuera la educación igual al talento? Y un hombre serio, que al parecer estaba de mal humor con aquel género de vida, oyéndome me dijo con lágrimas en los ojos: –Sí, señor». (José Cadalso: *Cartas marruecas*. Ed. de Rogelio Reyes, PPU, Barcelona, 1989; pág. 112).

Y aún reúne otro valor más el texto cadalsiano: aclara que las escenas y tipos que tanto evocarán los románticos, aunque en ciernes, estaban ya casi formalizados y ritualizados cuatro décadas antes. Lo cual viene a señalar que, gracias a la sensibilidad y al gusto románticos, salieron de sus refugios casticistas –en los que habían quedado desterrados por la inquina ilustrada– aquellos ambientes sobre los que volcarán su pasión literaria, aunque la invención, de todos modos, estaba ya latente, aguardándolos. A lo que puede añadirse la función que asigna a Cádiz como origen y fermento, en las últimas décadas dieciochescas, de unos ambientes y unas manifestaciones populares que, desde allí, se irán propagando por el resto de Andalucía, durante la primera mitad del siglo siguiente. Porque no puede olvidarse que majismo y flamenquismo necesitaron de la ofensiva de unas modas extranjerizantes para salir de sus reductos y pasar a unos espacios de sociabilidad más públicos y creativos. Situación antagónica que sólo se daba, por entonces, en un mundo social en el que existiera un cierto cosmopolitismo.

Por otra parte, en los años en que escribió Cadalso no pudo darse aún una identificación manifiesta entre todos esos fenómenos y una Andalucía diferenciada. A Cadalso lo movilizaba un claro ideario patriótico pero las modernas ideas de nación, de territorio culturalmente propio, de región, apenas se habían podido despertar en él. Esa sería también una invención romántica y que conseguiría, en el caso andaluz, tener en el entorno gaditano su foco privilegiado de difusión, en las dos primeras décadas del siglo XIX. Por ello no debe sorprender que cuando Cernuda escriba su *Divagación sobre la Andalucía romántica*, considere que Cádiz es la ciudad romántica por excelencia. Al laboratorio y crisol de ideas liberales que fraguaron en el clima de las Cortes, se unió las ideas propagadas por Böhl de Faber, a través de sus traducciones alemanas, conjuntamente con las que avalaban el movimiento romántico.

Por tanto, las anteriores consideraciones sobre el papel de los escritores extranjeros de los años románticos, como desveladores de la imagen de Andalucía, conviene situarlas en la perspectiva de conflicto ideológico que el mundo del casticismo y el de los ilustrados habían ya planteado. Esa confrontación, el romanticismo vino a aletargarla en algunos de sus aspectos, al concederle durante unos años un mayor prestigio literario a los aspectos antes desdeñados: y un cierto regionalismo de *postal* se impuso. Sobre todo, además, porque, tras apagarse las ilusiones de la Constitución doceañista y advenir el oscurantismo de Fernando VII, la cultura en el interior del país había quedado prácticamente silenciada. Pero la pugna se mantuvo soterrada, porque cada una de ellas representaba no ya sólo una visión contrapuesta de Andalucía sino también de España.

Y tan pronto los escritores nativos vuelven a finales de la segunda década del siglo a tomar la palabra, se replanteará la elección de uno u otro enfoque. Ya que puede suponerse que uno de los efectos de la oleada romántica fue la incitación a reaccionar[7] ante la imagen que esparcían sus escritos. Para muchos andaluces aquellas obras impresas en lenguas extranjeras les brindaron una primera ocasión para sentirse literariamente afirmados. Y como consecuencia algunos también debieron aceptar de manera complacida la caracterización que se les otorgaba. Incluso cabe sospechar que aquellas imágenes literarias pudieron servir *a posteriori* para modelar algunos de los comportamientos de la vida cotidiana andaluza.

En principio, se hizo frecuente entre los escritores españoles prologar y justificar su decisión de disponerse a escribir sobre Andalucía como una manera de corregir las distorsiones extranjeras. Tanto Estébanez Calderón como Fernán Caballero confiesan en diversas ocasiones que ese afán *corrector* los moviliza. Con ello, se incide en esa tradición tan española de prestarle a los escritos literarios su valor en función de la fidelidad que revela frente a la supuesta realidad descrita: como en la obra literaria contaba

7. Un solo ejemplo, de Fernán Caballero, en su prólogo a *La gaviota*: «Doloroso es que nuestro retrato sea casi siempre ejecutado por extranjeros, entre los cuales a veces sobra el talento, pero falta la condición esencial para sacar la semejanza, conocer el original. Quisiéramos que el público europeo tuviese una idea correcta de lo que es España» (*La gaviota*, Castalia, Madrid, 1982; pág. 41).

sobre todo su papel de reflejo o de espejo de lo existente, los escritores se sienten concernidos con la imagen que del país se derive, y de ahí, se dice, surge el primer estímulo para una literatura concebida como respuesta compensadora. Este mecanismo se convierte en un recurso tan tipificado que es raro encontrar un artículo costumbrista, de la década de los treinta y cuarenta, que no comience adelantando la intención de realizar un retrato «auténtico» que corrija los desmanes que otros escritores extranjeros han diseminado. Y este deseo de intenciones resulta tanto más paradójico cuanto que en la mayoría de esas escenas andaluzas va a prodigarse el mismo enfoque tantas veces criticado. Cuando en ese primer gran producto de consumo cultural del siglo, las revistas románticas, surja la demanda de tipos, cuadros y escenas andaluces, se reiterarán los mismos componentes antes ya literaturizados. Con lo cual, se venía a decir que, o bien era imposible escapar a la fuerza de los estereotipos ya impuestos, o que la coincidencia se daba porque esos estereotipos eran los mismos ofrecidos y buscados por literatos y lectores.

Con todo, las características de ese soporte en que se basó esa primera industria cultural española, las revistas literarias, condicionaron bastante las imágenes que, desde plumas nacionales y no sólo por costumbristas andaluces, se fueron dando de una Andalucía que cobraba ya vida propia. El formato de artículo, orientado a presentar a un tipo singular, un cuadro pintoresco y una escena de llamativo color local, seleccionó y restringió los motivos abordables; provocando una reiteración que redujo la gama inicial de posibilidades a los que lograron un primer y mayor impacto en un público siempre ansioso, por aquellos años, de lo distinto y exótico. En revistas como *El Semanario pintoresco español*, *El Museo de las familias*, y tantas otras similares, estaba excluido, inundar la comodidad de los nuevos hogares burgueses de los suscriptores con estampas de trabajos productivos o con evocaciones contemporáneas conflictivas.

Pero esa omnipresencia no dejaba de irritar a aquellos no conformes con la parcialidad de una selección de la vida andaluza que se prolongaría, como fácil recurso literario, durante muchos años más. Por eso la veta ilustrada, cuyo testigo crítico fue recogido, en el XIX, por los regeneracionistas y por los primeros escritores influidos por una visión más problemática del mundo social, sólo aguardaba la mejor ocasión (es decir, que surgiera una recepción pública para sus ideas) con el fin de desvelar lo que esas estampas castizas y pintorescas también ocultaban. Puede, por tanto, verse como lógico que cuando Clarín y Azorín decidan viajar a Andalucía para delatar el hambre que la recorre, excluyan cualquier interés por esa otra visión, contrapuesta, que exhibía una empalagosa Andalucía de postal.

De todos modos, no sólo fueron imágenes edulcoradas las que llenaron las páginas impresas. Incluso en un autor como Estébanez Calderón, tan dado a centrarse en los aspectos más castizos de una Andalucía hedonista y risueña, con sus ferias y fiestas, tabernas y bailes, entremete, sin embargo, en sus *Escenas andaluzas* –quedando allí un tanto perdido, desdibujado y olvidado– un personaje, Don Opando[8], retrato caricaturesco y casi esperpéntico, tras el cual pueden percibirse los atributos de una especie de cacique, muñidor de elecciones, de cuyo siniestro poder ya cabe esperar los desmanes políticos y sociales que tanto escandalizarán a los intelectuales de final de siglo cuando visiten la región.

De Fernán Caballero tampoco cabe quedarse con la impresión de una simple contribuyente destinada a configurar la fachada de una Andalucía idealizada de cartón piedra. En ella anidaba una voluntad decidida y constante: convertir la singularidad del pueblo andaluz en un objeto literario pleno. Recogió el testigo ideológico alemán de su padre, Nicolás Böhl de Faber, y se dispuso, en su extensa producción, a darle voz a las costumbres, hábitos, dichos, leyendas de una gente, de un mundo popular, al que pocos escritores, extranjeros[9] o nativos, se habían realmente acercado. Desgraciadamente su credo político y religioso, tan conservador e intransigente,

8. «Don Opando o unas elecciones» en *Escenas Andaluzas*, Madrid, 1847.

9. Quizás deba exceptuarse la actitud mostrada por Borrow.

reduce de manera muy parcial el valor de sus testimonios y ello ha provocado que se desvíe desdeñosamente la atención de sus obras. Sin embargo en muchas de sus páginas se recopilan los resultados relevantes de una primera aproximación etnológica a la vida cotidiana, elevando a categoría literaria muchos rincones y usos populares por los que sintió una acentuada atracción. Y si bien, su visión de la «gente de campo», su deseo de «pintar al pueblo» como el pilar más «auténtico» de la cultura andaluza, adolece de una excesiva y rosada idealización, por mostrarla tan exenta de conflictos; en cambio, en algunas de sus novelas, como *Clemencia* y *Elia*, están los mejores –y quizás únicos– retratos, desde dentro, de la mentalidad patriarcal de aquella aristocracia andaluza[10] latifundista, sobre la que recaerá parte de la responsabilidad de los problemas económicos y sociales del campo andaluz.

Sin conocer esa cara, de la aristocracia andaluza, casi siempre literariamente oculta, no resulta fácil comprender cómo llegaron a agudizarse tanto los conflictos de los braceros con sus amos y la propia irracionalidad de las explotaciones agrarias. Por ello, no es el ambiente, muchos más banal, de las tertulias[11] de la nobleza sevillana, que a Fernán Caballero le agradaba plasmar, el que mejor puede ponerse en relación con los textos que van a seguir. Es la mentalidad y la conducta de figuras como don Martín Ladrón de Guevara[12] y la asistenta y marquesa Isabel Orrea, las que constituyen los contrapuntos necesarios, al leerlos desde otra perspectiva, para enlazar los dispositivos sociales que condujeron a la Andalucía trágica y a la Andalucía del hambre.

10. Para volver a tener otra versión de esa misma aristocracia, también escrita *desde dentro*, habrá que esperar muchos años más, hasta que escriba su obra Manuel Halcón, en los años cuarenta ya del siguiente siglo.

11. Aunque cargadas de interés sociológico como muestra de la diversidad de opiniones que existía en la nobleza sevillana, aquellas tertulias no dejaban de ser réplicas de otras muchas tratadas por otros escritores.

12. Trasunto de personas que Fernán Caballero debió conocer muy bien a través de su matrimonio con el marqués de Arco Hermoso. Martín Ladrón de Guevara aparece en la novela *Clemencia*, publicada en 1852, e Isabel Orrea, en *Elia*, de 1849. Se podrían añadir otros personajes igualmente representativos de esa mentalidad.

Además en algunos de sus escritos ya supo intuir el papel que podía desempeñar el cultivo de las propias costumbres como freno y resistencia a la uniformidad homogeneizadora que se avecinaba: a este respecto hay que rendir culto a una capacidad profética que, en 1855, le llevó a escribir: «No concebimos el moderno afán por vestirlo todo con la misma librea y por querer borrar en los países y en los pueblos la nacionalidad que le es peculiar. De todas las tiranías, la de la uniformidad es la que más se resiste a la independencia popular. Arrancar a países, pueblos y personas su ser, su carácter, su individualidad es la más cruel, la más necia y la más antipoética arbitrariedad. Uniformar a los pueblos como a los presidiarios, diciéndoles: "No seréis lo que habéis sido, no seréis lo que os llevan a ser vuestro suelo, vuestro cielo, vuestro carácter e inspiración espontánea; formaos sobre este modelo único y uniforme en el universo; todos sois carneros de una misma manada, menos nosotros que somos los pastores y zagales, llevando a guisa de cayado la pluma", esto está muy bueno para los que se erigen en pastores; pero para los que se quieren convertir en uniformes carneros no tiene ningún género de seducción y de simpatía»[13]. Esta declaración de principios –a pesar de las deficiencias expresivas que acompañan, a veces, a la prosa de Cecilia Böhl de Faber– está en la línea de los argumentos justificativos destinados a apuntalar las culturas locales y regionales, y todavía, siglo y medio más tarde, se usarán como doctrina básica frente a la globalización.

Desde mediados del siglo, hubo un autor andaluz, sobrado de capacidades, con conocimientos, distancia y una perspectiva acorde para producir esa reflexión que compaginase las visiones que andaban contrapuestas. En cierto aspecto ya había habido un precedente de esa postura, pero su incidencia fue mínima y su recepción en Andalucía y en España quedó amortiguada por tratarse de una obra escrita en inglés, e ir orientada a un público extranjero. Además la controvertida personalidad liberal del autor

13. Fernán Caballero: *La estrella de Vandalia*, en *Obras completas*, tomo III, BAE, Madrid, 1961; pág. 98.

arrojó tristes prejuicios sobre los textos. Sin embargo en sus *Cartas de España*, José Blanco-White supo mantener un espíritu crítico que parecía proceder de aquella herencia ilustrada, que había encarnado Cadalso. Y, al mismo tiempo, procuró no mostrarse desdeñoso ni despectivo al dar cuenta narrativa pormenorizada de la peculiaridad de ciertas costumbres muy arraigadas. Su manera de tender puentes incluso con aficiones que no compartía, le permitió que una corrida de toros o una festividad religiosa, por ejemplo, recibiesen un completo tratamiento literario, nada sesgado por la presencia constante de su opinión personal. Este distanciamiento descriptivo también solía acompañarlo de su consecuente valoración sociológica y crítica. Pero la intención de dar cuenta de los hechos se respetaba, sin caer en la caricatura despectiva propia de los rechazos viscerales tan grata, años después, a Eugenio Noel. En las *Cartas de España*, publicadas en 1822, Blanco-White dio el mejor ejemplo de cómo era posible conjurar el dualismo que obligaba a optar por la complicidad de sólo una de las dos supuestas Andalucía. Sin abandonar por ello ni sus ideas liberales ni sus propósitos de modernización del país, supo comprender y explicar la capacidad de movilización popular de las tradiciones en la vida andaluza. Mas esas publicaciones apenas llegaron a los lectores españoles y se difuminó así aquella nueva y ejemplar apuesta por «armonizar las contradicciones».

El autor antes anunciado, que hubiera podido retomar esa visión de refundición y equilibrio, fue Juan Valera. Sus ingredientes personales como escritor, su gusto cosmopolita, complementado con su nostalgia por el mundo rural andaluz que había conocido muy bien, junto con sus dotes estilísticas y su amplísima cultura, le predisponían para forjar una gran reflexión sobre Andalucía, que disolviese antagonismos artificiales y emplazase los debates sobre Andalucía en torno a problemas más contemporáneos. Pero a pesar de lo esperanzadores que pueden resultar los títulos de algunos de sus trabajos («El regionalismo literario en Andalucía», «De lo castizo de nuestra cultura en el siglo XVIII y en el presente», «Las *Escenas andaluzas* de El Solitario»), no pasaron de ser artículos más o menos de circunstancia. Y con respecto a la gran fuente de conocimiento que debería encerrar su narrativa, su propia concepción de la novela, orientada más hacia el deleite que hacia lo dramático y penoso, las convierte en muy apreciables piezas literarias, pero en las que la información sobre Andalucía excluye cualquier alusión a un mundo socialmente problemático. Elabora unas bien trabadas y descritas escenas costumbristas, vinculadas al mundo agrario de unos pequeños pueblos de la provincia de Córdoba, que resultan muy valiosas como muestrarios de los espacios en los que transcurría la sociabilidad andaluza de la última mitad del siglo XIX. Prestó detenida atención a los aspectos festivos, gastronómicos, hábitos sociales, presencia eclesiástica, lo cual, junto con Fernán Caballero, sitúa esta labor, dispersa dentro de su narrativa, también como una rica aportación a las primeras observaciones y recopilaciones de tipo etnológico sobre Andalucía.

Pero al haber apartado, deliberadamente, cuanto en sus novelas hubiese podido significar alusiones a los conflictos sociales del campo, elimina de su perspectiva un mundo que en esos precisos momentos está movilizando hacia Andalucía a Clarín y a otros escritores con un ansia clara de dar testimonio literario de las tensas y trágicas situaciones existentes. No puede olvidarse que Valera escribe sus novelas en el último tercio del siglo y por tanto sus novelas son contemporáneas de las actitudes críticas manifiestas en tantos títulos de Galdós, de Clarín y de Pardo Bazán. Pero su elección fue otra. No tanto por evasión ante los problemas del campo andaluz, como por concepción del papel de la novela, a la que él no consideraba como un instrumento destinado a la denuncia o la crítica social. Y así, los problemas que movilizan a los protagonistas son de índole amorosa, familiar, poco extrapolables fuera de la propia intriga de la novela. Aunque no dejan de aparecer personajes que desempeñan papeles muy significativos de la época y que pueden vincularse con algunas de las tipologías a las que anteriormente se han hecho referencias. En primer lugar el aristócrata absentista, que lanzado en Madrid a una vida de dispendio y disipación, no puede menos que acabar en la mayor de las ruinas. Esta figura muy bien encarnada por el marqués de Villafría en la novela *Doña Luz*, podría verse como la continuación, un siglo más tarde, de las actitudes asumidas por el «señorito» descrito por Cadalso en su carta VII. Esa ruina es la culminación narrativa de aquel episodio. Otro tanto podría añadirse, en otros aspectos, del mayorazgo Álvaro Roldán en *Juanita la larga* y de Faustino López de Mendoza en *Las ilusiones del doctor Faustino.* Y consustancial con estas ruinas y pérdidas de prestigio social por parte de la nobleza agraria está, paralelamente, el enriquecimiento de administradores y caciques, a los que también Valera dedica en su narrativa una buena galería de retratos. Aparecen como individuos ávidos pero apenas los acompaña ningún otro rasgo negativo y de su comportamiento en la vida social del pueblo apenas se puede deducir nada de sus otras implicaciones en la ardua tarea de la política local. La irrupción de esos nuevos ricos, que iniciaron su andadura, en muchos casos, tras la etapa de la desamortización, es muy explicativa de las nuevas formas de ejercer y plantear las relaciones de poder en el campo andaluz. Pero sobre estas cuestiones Valera prefiere no insistir. Su mirada irónica, a veces corrosiva pero muy finamente medida, permite adivinar su opinión sobre las transformaciones que se están llevando a cabo, pero como no era ese el cometido que asignaba a sus novelas, nos vedó mayores materiales sociológicos en los que con mayor ambición de totalidad, hubieran entrado testimonios de unos y de otros.

Sin embargo, Valera sí contaba con capacidad e ideas para ese proyecto. Y otros textos delatan cuán brillante hubiera resultado «una teoría de Andalucía» expresamente elaborada por él, porque escrita quedó, pero demasiado dispersa: entremezclada a lo largo de su siempre valiosa correspondencia, que, poco a poco, va saliendo a la luz pública. Las cartas que tuvieron Andalucía[14] como referencia suelen responder a dos momentos psicológicos distintos: uno lo creaba la nostalgia, en las temporadas en las

14. Alberto González Troyano: «Las Andalucías posibles de Valera: Unas notas sobre su correspondencia», en *Juan Valera, creación y crítica*, Actas del VIII Congreso de Literatura Española Contemporánea, Universidad de Málaga, 1995.

que el Valera diplomático añoraba sus lejanas tierras y construía en su imaginario las virtudes del deseado paraíso andaluz. El otro momento corresponde a los días en que Valera, de vacaciones en su pueblo, escribe a sus amigos lamentándose y criticando la Andalucía concreta, cotidiana, que le toca padecer. Con la yuxtaposición de esas dos actitudes se obtienen unas ideas que de haber sido elaboradas y trabadas hubieran representado el mejor puente entre la Andalucía romántica que unos descubrieron en el primer tercio del siglo y la realidad social de Andalucía que otros –como Clarín, Azorín– estaban a punto de convertir en documento literario hacia el último tercio de ese mismo siglo.

Con las páginas precedentes sólo se ha querido bosquejar un cierto preámbulo de breves referencias que permitieran enmarcar mejor el valor, la originalidad o la reiteración de los textos que vendrán a continuación. Al citar esos precedentes, esos nombres y obras anteriores, no se ha pretendido sugerir que entre ellos pueda establecerse una compaginación que preste sentido orgánico a tales visiones. Sólo de forma muy forzada puede establecerse un hilo de continuidad entre las imágenes de Andalucía que se van produciendo a lo largo del siglo. Ese encadenamiento únicamente funciona si se buscan las prolongaciones y herencias de la visión romántica, que poco a poco fueron adecuando sus *postales* a los nuevos gustos pero sin alterar en exceso ni la foto fija de color local ni los rasgos de sus componentes. En cambio, lo significativo en las aportaciones de Blanco, de Fernán Caballero, de Valera, estriba precisamente en su parcialidad, porque en su labor de cronistas, al enfocar los espacios que les resultaban familiares, contribuyeron a hacer ver que la diversidad de opciones era el mejor lazo a la hora de configurar una cierta memoria común de Andalucía.

De todas maneras hubo intentos de formalizar una imagen unitaria del territorio, de sus vivencias políticas y de su pasado, del modo que por entonces se pensaba que más podía contribuir a instaurar una conciencia colectiva entre todos sus miembros: escribiendo una historia de Andalucía, diferenciada de la del resto de la península y que, a su vez, articulara toda la región. Y ese fue el ambicioso empeño de Joaquín Guichot con su *Historia General de Andalucía desde los tiempos más remotos hasta 1870* (editada en Sevilla desde 1869 a 1872), que vino a representar la materialización de un ideal compartido por un grupo de intelectuales andaluces[15] y que ya había tenido otras manifestaciones como la publicación desde 1859 del diario *La Andalucía*, en el que Clarín publicará también su reportaje periodístico *El hambre en Andalucía*. Al mismo tiempo, desde que se inicia la mitad del siglo los conflictos sociales y políticos, siempre muy vinculados a la cuestión agraria, se habían convertido en temas prioritarios para muchos andaluces militantes de la causa social, cuya actividad permite percibir la especial decantación que van a ofrecer las luchas reivindicativas andaluzas. Primero con las preferencias ideológicas proyectadas sobre un cierto socialismo utópico y más tarde con el establecimiento de un movimiento anarquista[16], que prestará un aire muy peculiar a las agitaciones campesinas de las tierras del sur. Por ello, cuando desde otros lugares de España, se emprenda esta nueva peregrinación –un viaje andaluz pero esta vez con lente realista y enfoque social–, la Andalucía trágica, negra, o roja, de la que estos intelectuales quieren dar testimonio, es también, de nuevo, un caso singular y distinto. Desde la época revolucionaria de 1868 a 1873, a la oleada general que vive el país se añade la radical confrontación de los braceros andaluces, que al plantear sus reivindicaciones de manera tan distinta al restante movimiento obrero, despiertan por identificación o por rechazo el interés de los escritores más sensibles a la cuestión social.

15. Según Antonio Domínguez Ortiz esta *Historia* «hay que ponerla en relación con el ambiente postromántico, folklorista (en el sentido propio de la palabra) y prenacionalista que protagonizaron reducidos y selectos círculos intelectuales andaluces en el último tercio del siglo pasado» («Introducción general» a la *Historia de Andalucía*, tomo I, Planeta, Barcelona, 1980; pág. 10).

16. Pocos años después de que Eugenio Noel escriba las páginas que van a leerse, y poco antes de que Ortega escriba su *Teoría*, un notario cordobés escribió la primera gran obra en la que es expuesta la dimensión específica del campesinado andaluz, incluido su mesianismo anarquista: Juan Díaz del Moral: *Historia de las agitaciones campesinas andaluzas* (finalizada en 1923 y publicada en 1928).

Va a tratarse, pues, de una peregrinación aislada pero que también adquiere un cierto aire de ritual. Y que, con un motivo social u otro, en un año o en otro, convoca como testigos, venidos de fuera, a Clarín, Azorín, Blasco Ibáñez[17], Ramiro de Maeztu[18], Pío Baroja[19], Eugenio Noel. Prensa e imprentas se harán eco de sus escritos. A ello puede añadirse las muchas novelas que, por esas mismas décadas, también focalizarán Andalucía como escenario de sus argumentos. Las clasificaciones escolares resaltan la preferencia por el paisaje mítico castellano de muchos escritores finiseculares, pero esa asignación que encaja con la imagen vertida sobre ellos, con el fin de establecer unos paradigmas generales, quizás ha obviado esta llamada del Sur. Posiblemente porque las motivaciones eran muy distintas como lo era también el juego literario que se buscaba en uno y otro viaje.

Entre los testimonios que han quedado localizables, bien en libros o en hemerotecas, se han elegido *El hambre en Andalucía*, de Clarín, publicado en 1882, *La Andalucía trágica*, de Azorín, de 1905, y las páginas dedicadas a Andalucía en la obra *Señoritos, chulos, fenómenos, gitanos y flamencos*, de Eugenio Noel, de 1916, porque ellos muestran, cada uno a su modo, la otra cara del espejo romántico: la menos complaciente. Hasta cierto punto conectan con el espíritu crítico de denuncia social que ya se adivinaba en la carta VII de Cadalso. También con su *recuperación* para los lectores andaluces, puede haber algo reparador de la deuda que por estas páginas de regeneracionismo crítico se les debe. Además, se trata también de hacer asequibles en un solo volumen unos textos de complicada consulta.

17. Aparte de su novela *La bodega*, ambientada en Jerez, focalizando la conflictiva situación social de la ciudad, Blasco Ibáñez también preparó una serie de artículos, publicados en *El Pueblo*, en agosto de 1904, sobre «Un viaje por Andalucía».

18. En *El Diario Universal*, en abril de 1903, Ramiro de Maeztu publica cuatro artículos titulados «Un viaje a Jerez: el pantano de Guadalcacín», «La decadencia de Jerez», «El pantano de Guadalcacín» y «Los latifundios». Esta serie ha sido recogida por E. Inman Fox en *Ramiro de Maeztu: Artículos desconocidos*, Castalia, Madrid, 1977.

19. Además de sus referencias en la novela *Las inquietudes de Shanti Andía*, Pío Baroja publicó sus impresiones de un viaje realizado en 1903 a Jerez que han sido recogidas por Manuel Longares en *Pío Baroja: Escritos de Juventud (1890-1904)*, Edicusa, Madrid, 1972.

Esta misma dificultad también alcanza a los otros tres textos seleccionados, la *Teoría de Andalucía*, de Ortega y Gasset, publicado en 1927, *A propósito del Arte, de Ortega y Gasset y otras cuestiones patrias*, de Juan Gil-Albert, de 1967, y *Divagación sobre la Andalucía romántica*, de Luis Cernuda, de 1935, a los que sólo a través de sus obras completas podía hasta ahora accederse. El texto de Ortega parece, por las múltiples referencias que a él se hacen, como el más conocido. Pero quizás resulte más citado que leído. El excesivo hincapié que se pone en criticar su idea sobre «el ideal vegetativo» del andaluz, ya delata que pocas veces se va más allá de esas primeras líneas, en un trabajo en el que hay otras muchas ideas dignas de contrastarse y discutirse. Al ser una obra que levantó tantas polémicas se ha buscado otro texto que recoge algunas de esas controversias y las analiza con una sutileza como sólo cabía esperar de una pluma tan llena de matices e ingenio como la de Juan Gil-Albert.

De este mosaico ofrecido quedaba ausente la otra cara, la de aquellos que piensan que Andalucía no sólo es una invención literaria y que muchas de sus múltiples facetas continúan, por tanto, prodigando valores que, sin ánimo crítico, se pueden todavía complacientemente abordar. Esa veta ha mantenido su vitalidad literaria, sin discontinuidades: en unos casos más hipotecados por la herencia castiza, en otros con reelaboraciones más experimentales y modernizadoras. Y también desde el exterior se ha mantenido esa mirada de reafirmación lírica del paisaje, de las ciudades, de las costumbres andaluzas. Como un buen ejemplo de esta línea, dentro de los mismos años en que se editan los textos anteriores, podría figurar *Tierras solares*, de Rubén Darío, publicado en 1917. Esa mirada modernista, hubiera podido ser un buen testimonio representativo del inagotable caudal de evocaciones melancólicas que el mundo andaluz despierta. Pero parecía más acorde, para poner un contrapunto final a los textos anteriores, optar por *Divagación sobre la Andalucía romántica*, una pieza poco conocida de Cernuda y en la que recurre a ese género andaluz, la divagación, tan a propósito para un tratamiento como el que él realiza. En equilibrada reflexión recopila muchas de las cuestiones expuestas antes para, como cabía esperar, no cerrar el debate sino alimentarlo con nuevas sugerencias y luces.

Esta serie de visiones –que se van a proyectar sobre Andalucía desde 1882 a 1967– la inicia, por tanto, Leopoldo Alas *Clarín*, con los veintiún artículos que publicó en el diario *El Día* desde finales de 1882 a mediados de 1883. Este texto vino a contradecir de la manera más radical aquella tradición que imponía siempre, ante la mirada del viajero, el primer plano de unas tierras y de unos paisajes cargados de prestigio literario. A Clarín lo moviliza sólo el campo andaluz y los conflictos que vive la gente que lo trabaja, sin ninguna de las idealizaciones tan frecuentes en las obras de Fernán Caballero. Cualquier otra desviación está excluida en un trabajo que no hará ninguna concesión a la Andalucía de postal. Su propósito es, por el contrario, descorrer esos artificios para confrontarse con lo único que realmente le interesa: «indagar la intensidad de la crisis económica que sufre esta región tan importante de España». Y modestamente sugiere que con su «excursión a Andalucía» sólo pretende un «ensayo, una tentativa de estudio sociológico sobre el terreno», visitándola y «sorprendiendo su trabajo en acción». Pero, a la vista de lo indagado y escrito, puede deducirse que pocas veces, un viajero, un forastero, que sólo dedica unos días a informarse, había puesto más exigencia en los análisis y en las argumentaciones, al tratar unas cuestiones sociales que conmovían a tantos andaluces.

Si se contrastan sus artículos con los que también escribió Azorín, se percibe como este último no pudo desprenderse de su tipo de enfoque literario habitual: la tragedia de Andalucía quedaba como un lejano trasfondo, la voluntad estilística del literato cobra siempre un primer plano, diluyendo la dureza de la denuncia. En Azorín lo que retrata dice más de él que de lo reflejado; en cambio, en Clarín el compromiso asumido y expuesto ya en las primeras líneas de su primera carta se cumplirá día tras día y sólo enfocará esa Andalucía negra y roja que existía desde mucho antes, pero que había habido pocos ojos empeñados en reconocerla. En su caso, el narrador de ficciones, el autor de novelas tan importantes, se nubla y resurge el periodista responsabilizado de su cometido porque en una situación así «cuando me preguntan qué soy: principalmente, respondo periodista». Y, tras la lectura, queda la imagen de alguien que buscó una cierta inmersión, que si no de primera mano, cuando menos le permitiera hablar con una cierta solvencia de unos y de otros, de los jornaleros y de los propietarios, y luego aportar una interpretación del porqué de los conflictos. Todo ello desde la perspectiva que le dictaba «una filosofía política que sigue siendo la del intelectual demócrata de clase media [que] defendía [que] la causa del malestar social es "la falta de equilibrio entre las clases" [porque] por una parte hay el egoísmo de los pudientes y enfrente está la ignorancia del pueblo»[20]. Sus propuestas, moderadas, se debían a esas creencias, a lo que se añadía la propia orientación del periódico madrileño *El Día*, que, a través de su propietario, el marqués de Riscal, apostaba por una actitud liberal avanzada pero monárquica, lo cual reducía su capacidad crítica.

Un dato, aportado por Simone Saillard, delata cuán deliberada fue la exclusión de cualquier nota pintoresca que enturbiara la tarea primordial que Leopoldo Alas se había fijado: cuando tres años más tarde, reseñe la obra *El patio andaluz, cuadro de costumbres,* de Salvador Rueda, sacará a relucir las bellas impresiones «de los juegos de luz en la Mezquita de Córdoba a las diez de la mañana»[21] obtenidas durante su viaje andaluz. Pero al hablar del hambre, le parece que sólo puede haber austeridad al mostrar esa cara de Andalucía, austeridad que también se transmite en su tratamiento de todo lo relacionado con los oscuros «sucesos de la Mano Negra»[22] y que solía recibir en la prensa de la época un tratamiento mucho más sensacionalista. Basta recorrer esas referencias, con su negativa a vincularla con el

20. Yvan Lissorgues: *Clarín político*; I, Lumen, Barcelona, 1989; pág. 47.

21. Leopoldo Alas Clarín: *El hambre en Andalucía*. Edición crítica, estudio preliminar y notas de Simone Saillard. Presses Universitaires du Mirail, 2001; pág. 73.

22. Los acontecimientos de la Mano Negra, igual que ocurrirá medio siglo más tarde con los sucesos de Casas Viejas puso en camino hacia Andalucía a una larga serie de escritores y periodistas.

bandolerismo y su disquisición sobre el nihilismo, para captar su rechazo a cualquier desahogo sensiblero o patético.

En cambio, en Azorín hay más diversidad en la imagen descrita en *La Andalucía trágica*. En principio lo moviliza una misión periodística similar a la de Clarín: la tragedia del hambre y la miseria de los jornaleros andaluces, vistas en su caso, en unas tierras colindantes con las mismas que había visitado Clarín. Este último prestó mayor atención a Jerez por considerar que allí residían las situaciones más enconadas; Azorín estableció su itinerario como cronista viajero por Lebrija y Arcos de la Frontera. El periódico en que se publicaron los cuatro artículos, *El Imparcial,* pertenecía a la familia Gasset y era dirigido por José Ortega y Munilla, el padre de José Ortega y Gasset. Mantuvo una tendencia liberal moderada y en algunos momentos fue el periódico de mayor tirada; sobrepasando los cien mil ejemplares. «En diversas ocasiones diría luego Azorín que *El Imparcial*, asustado por sus crónicas, dejó de publicar alguna y le envió un telegrama haciéndole regresar y terminando sus servicios como cronista»[23]. Por aquellos años José Martínez Ruiz adopta de manera definitiva el seudónimo de Azorín. Es la época en la que ha conseguido su mejor camino expresivo dentro del periodismo: con su estilo breve, directo, acortado, nítido y, además, aún mantiene aquel peculiar punto de vista que le entronca con un cierto «anarquismo literario». Postura que abandonará pronto para asumir un ideario mucho más conservador: tras abandonar, después de la publicación de *La Andalucía trágica*, el diario *El Imparcial* y pasar al monárquico *ABC* desde junio de 1905.

Al iniciar sus crónicas, desde Sevilla camino de Lebrija explica, casi como disculpa ante la expectación que podía despertar el título elegido para encabezar su labor: «Yo soy un hombre vulgar a quien no acontece nada, no soy un sociólogo». A pesar de ello y a pesar de la dificultad que para Azorín

23. José María Valverde: Introducción a *Los pueblos* y *La Andalucía trágica*, Castalia, Madrid, 1974; pág. 28.

entrañaba salirse de las pautas de su clasicismo corto y aquietado, buscó un tono «agitado y vehemente» para dar cuenta de aquel «espanto, de una angustia invisible», aunque no olvidó resaltar cuánto había también en Arcos de «pueblo pintoresco». Y gracias a él, literatura y testimonio se fundieron de nuevo para narrar la Andalucía negra y hambrienta.

Al emprender sus campañas antiflamencas –los mismos años en que aparece la revista *Bética*, en 1913, y se publica *El ideal andaluz*, de Blas Infante, en 1915–, Eugenio Noel ya sabía que Andalucía era, y había sido desde siempre, el mejor caldo de cultivo de las cosas que él se disponía a criticar con tanta vehemencia. Su empresa, como escritor y conferenciante, llevada a cabo con una apasionada entrega personal, estaba destinada a desterrar de España los «mayores obstáculos» que impedían su modernización: el flamenco y los toros. Y, junto a esos dos espectáculos, el ambiente de «señoritos, chulos y gitanos» que les daba vida y esplendor. En principio podría haberse tratado de una muestra más de esos obsesivos militantes contra una de las dos España, la castiza o la productiva. Pero Noel supo incluir en sus escritos un añadido nada habitual en estos casos: un conocimiento bien asumido de lo que se disponía a criticar corrosivamente. Como también había sucedido con otros detractores de la España castiza, como Cadalso, Jovellanos y Vargas Ponce, a los que Ortega hubo de reconocer la espléndida información que poseían sobre el mundo del majismo y del casticismo, también Eugenio Noel, manifiesta conocer el ambiente andaluz del flamenquismo mucho mejor que cualquier revistero de los espectáculos que él tanto denigra. En su personalidad debían fundirse, con peculiar ambivalencia, admiración y rechazo, de ahí el mimetismo lingüístico con lo denigrado y el aliciente que le presta el ser una crítica escrita desde dentro. Pocas fuentes resultan más frescas y bien surtidas para reencontrar la Andalucía aplebeyada y flamenca cuyo despliegue ya vaticinó Cadalso.

De todos los textos aquí seleccionados, *Teoría de Andalucía*, de Ortega ha sido el único que ha suscitado considerable polémica, lo cual podría dar a entender lo mucho que se ha difundido su lectura. Sin embargo, si se repasa la acogida dispensada a estos artículos, sobre todo en la última mitad del siglo XX, lo que ha centrado la controversia es casi exclusivamente su identificación de la pereza –encubierta bajo la apelación menos peyorativa de «ideal vegetativo»– como uno de los rasgos diferenciadores del hombre andaluz. Ese rasgo adquirió un aire casi ofensivo sobre todo en unas épocas en que la productividad y el trabajo eran valores exaltados incluso desde una perspectiva marxista; a medida que un mayor aprecio del hedonismo se ha ido extendiendo, quizás adquiere menos sentido la pasada virulencia anti-orteguiana. También pudo fomentarla el aire pretencioso del título «teoría» si se tomaba de manera literal y no como un irónico recurso retórico. Se olvidó que se trataba de unas breves páginas ensayísticas, publicadas como meros artículos en un periódico diario. Mariano Peñalver desde una perspectiva más reciente lo ha situado así: «Ciertamente un ensayo no es un tratado y todo en él es sugerencia y alusión. Lo preciso para despertar y suscitar la reflexión del lector. Así entendido, *Teoría de Andalucía*, no sería el título de lo escrito sino el título de lo que lo escrito debía de suscitar»[24]. Planteadas de esta forma, como una constelación de sugerencias, estas páginas de Ortega pueden ser leídas de manera más tamizada. Por ejemplo, su tesis sobre la hegemonía andaluza en la historia española del siglo XIX coincide con otras interpretaciones más frecuentes, que suelen resaltar también la tendencia de esta cultura meridional a *desbordarse*, debido a su propia sobreabundancia, y a recubrir, por ello, con sus símbolos y manifestaciones otros territorios. De este modo, la fertilidad connotativa andaluza no sólo se proyectó más allá de sus límites geográficos; además, los rasgos que la caracterizan sirvieron, en numerosas ocasiones, para identificar a toda España.

Al calor de esas confrontaciones, se fraguó *A propósito del Arte, de Ortega y Gasset y otras cuestiones patrias*, de Juan Gil-Albert, un ensayo escrito para

24. Mariano Peñalver: «Tiempo y transgresión: elementos para una "salvación" antirromántica de Andalucía» en *Desde el Sur*, Universidad de Cádiz, 1997; pág. 39.

apoyar lo que él considera «una pequeña obra maestra de nuestra literatura contemporánea», porque «¿quién que lea la *Teoría de Andalucía* no se siente atraído, y hasta cautivado, por lo que allí se dice, se sugiere, se entresaca, se hurga, se poetiza, se ironiza de unas gentes, de unos hombres, que formando parte del todo hispano, traducen unos caracteres y unos perfiles que, para nosotros mismos, sus fraternos de otras latitudes patrias, se nos aparecen distintos?». Cuarenta años después de publicado el texto de Ortega, Juan Gil-Albert, desde una perspectiva cosmopolita y refinada, le rinde un culto, que vuelve a obligar a confrontarse con su lectura.

«Andalucía es un sueño que varios andaluces llevamos dentro», escribe Luis Cernuda al comentar la obra de Moreno Villa, y, en ese mismo párrafo, añade: «No la busquéis en parte alguna porque no estará allí»[25]. Sin embargo, el poeta sevillano quiso permitirse el juego –no la teoría– de sugerir un posible redescubrimiento: para eso escribió su *Divagación sobre la Andalucía romántica*, en la que figuran estas palabras: «Casi todo lo que se escribe sobre Andalucía no es más que una repetición sin gracia ni fuerza de lo que los románticos supieron ver con originalidad certera y poética no superada por nadie después». Palabras válidas para cerrar unas formas de mirar la vida andaluza, para empezar a abrirse a otras formas de comprenderla.

25. Luis Cernuda: *Prosa completa*. Ed. Derek Harris y Luis Maristany, Barral, Barcelona, 1975; pág. 1228.

CLARÍN

EL HAMBRE EN ANDALUCÍA
&
LA CRISIS DE ANDALUCÍA

El hambre en Andalucía, de Leopoldo Alas *Clarín* (1852-1901), es el conjunto de una serie de 21 artículos publicados en el periódico madrileño *El Día* desde el 31 de diciembre de 1882 hasta el 21 de julio de 1883. La mayor parte de esos artículos fueron reproducidos también en los diarios *El Guadalete*, de Jerez, y *El Porvenir*, de Sevilla, en fechas próximas a las anteriores. Algún artículo también apareció en el periódico asimismo sevillano *La Andalucía*. Estos textos fueron recogidos, anotados y estudiados en una tesis doctoral presentada en la Universidad de Toulouse-Le Mirail en 1974 por Simone Saillard. En 1983, con una introducción del profesor Leonardo Romero Tobar fueron publicados en el volumen *Cinco estudios humanísticos para la Universidad de Zaragoza en su IV Centenario* (Caja de Ahorros de la Inmaculada, Zaragoza). Posteriormente, Simone Saillard ha preparado una edición crítica, con estudio preliminar y notas, editada por Presses Univesitaires du Mirail, Toulouse, 2001. Con anterioridad se habían reproducido parcialmente algunos artículos en el libro de Clara E. Lida: *Antecedentes y desarrollo del movimiento obrero español (1836-1888)*, y en el de Yvan Lissorgues: *Clarín, político*, I, Lumen, Barcelona, 1989. Respecto a su aparición primera, los días de publicación en *El Día* fueron, sucesivamente, 31 diciembre (1882), 7, 8, 17 y 28 de enero; 25 de febrero; 4, 8, 13, 18 y 23 de marzo; 7, 14, 24 y 29 de abril; 28 de junio; 3, 6, 8, 20 y 21 de julio (1883).

EL HAMBRE EN ANDALUCÍA

I

CÓRDOBA 27 DE DICIEMBRE DE 1882

El autor de estas cartas necesita comenzar declarando su situación respecto del periódico en que escribe, por encargo del cual va a recorrer gran parte de Andalucía, procurando indagar la intensidad de la crisis económica que sufre esta región tan importante de España.

Por enojoso que sea hablar de sí mismo, y en ocasión como la presente mucho más, no hay otro camino para salvar mi responsabilidad y cumplir con mi conciencia.

Si viajara por mi propia iniciativa; si viniese aquí a estudiar sobre el terreno problemas económicos, que yo mismo me hubiera propuesto, no sólo debería decir lo que pienso y siento, sino también decir todo lo que pienso y siento. En el caso actual, la obligación es diferente; nadie podrá obligarme a sostener lo que no creo, pero tampoco *El Día* está obligado a publicar todo lo que yo creo.

Así es que sólo hablaré de aquello en que podamos convenir periódico y corresponsal. Por fortuna, lo principal de mi trabajo ha de consistir en lo que por fuerza de la lógica tenemos que aceptar todos: los hechos.

Cierto es que los hechos enseñan ideas diferentes, según el punto de vista, pero al llegar aquí me abstendré de exponer en este trabajo todo lo que a mí me enseñan, si algo de ello repugna al pensamiento de *El Día*. Un ejemplo pondrá en mayor claridad esto. Si, lo que es probable, resulta como enseñanza de lo indagado, que uno de los grandes males, causa constante de la pobreza, es la excesiva centralización administrativa, yo sé que puedo sacar las consecuencias del orden de hechos que lo indiquen, porque sé que *El Día* es partidario de la descentralización. Pero si además creo yo que la descentralización administrativa es ilusoria, imposible sin cambios importantes en la forma del organismo político, esto, sin traición a mis ideas, lo callo ahora, sin perjuicio de decirlo en otra parte. Creo que basta lo dicho para evitar interpretaciones torcidas de mis pensamientos.

Otro punto que es necesario tratar antes de comenzar mi trabajo, es el resultado que espero. En el poco tiempo que puedo consagrar a esta comisión de *El Día*, sería una presunción loca prometerse gran copia de datos exactos respecto de las muchas y muy complejas cuestiones que abarca la crisis económica de estas provincias. Mi trabajo va a ser más que otra cosa un ensayo, una tentativa de estudio sociológico sobre el terreno, que si pudiera servir para que otros con más tiempo y competencia emprendiesen obra parecida, habría servido para algo.

Tómese, pues, mi excursión a Andalucía, y tómense los apuntes que voy a dar a los lectores de *El Día* como puro ejemplo, para que otros se animen a trabajos análogos, como un ensayo de lo que, hecho por persona más competente y con más tiempo y medios podría ser obra de utilidad grande. Porque es indudable que si de alguna manera se pueden conocer las necesidades de un pueblo, sus condiciones de producción y distribución de la riqueza, es visitándole, sorprendiendo su trabajo en acción y viendo sus relaciones positivas con el capital. Hoy proclaman autores notables de economía «que las generalidades de esa ciencia son muy pocas, que se pueden reducir a un corto número de afirmaciones dogmáticas lo que es común a la economía de todos los pueblos y tiempos, y que todo lo demás varía según el dato histórico, cambio de región a región, de momento a momento».

La experimentación en estas ciencias sociales que se refieren a fenómenos de que son elementos pueblos enteros en su compleja vida, es imposible casi siempre; no hay laboratorios para los fenómenos sociales, como los hay para la física y la química; si se quiere inducir es preciso observar, aprovechando el natural movimiento de la vida económica y jurídica en su conjunto de constituciones relacionadas, de fenómenos coordinados, y esto sólo se consigue presenciando los hechos que se quieren conocer. Por eso sería absurdo suponer que ha pasado la oportunidad de estudiar en Andalucía las vicisitudes de su crisis económica. Basta llegar a esta tierra para convencerse de lo que ya la sana razón indica; que no puede modificar radicalmente la situación económica de todo un país, un poco de agua que cae de las nubes.

En Andalucía el terrible problema del hambre continúa planteado, la solución se espera; todas las personas a quienes he hablado aquí, contando con su reflexión y conocimiento del país, han estado unánimes en decir que las causas principales de la dolorosa crisis subsisten; que los remedios siguen faltando y siendo cada vez más necesarios. Es claro que de lejos, y prestando atención escasa y poco caritativa al asunto, es fácil decir: –En Andalucía había hambre porque no llovía; ya ha llovido, luego se habrá acabado, o se acabará pronto el hambre.

Sería de un efecto muy triste que el Gobierno y cuantos deben procurar algo en favor de Andalucía, viesen las cosas de tan superficial manera. El momento de estudiar el terrible problema y buscar remedios duraderos y justos para tantos males, es éste. Cuando el hambre era tal que salía al paso en los caminos, entraba en las tahonas a coger el pan, convertía en gritos de motín los ayes de sus dolores, los remedios tenían que ser paliativos, eran conquistas, y la forma cualquiera. Así, por ejemplo, sería crueldad negar una limosna al que la pedía desfallecido de hambre; pero pasado el momento del pánico, que también hay pánico de hambre, la limosna, cualquiera que sea su forma y maneras, no puede aconsejarse como salvación plausible.

Sí; ahora es cuando el Estado y la iniciativa individual pueden y deben mirar de frente, y en su totalidad y con madura reflexión, esta cuestión pavorosa que Andalucía nos presenta. Ojalá el débil concurso de este trabajo que emprende *El Día*, pueda servir algo, poco que sea, a la gran obra que debe ser común, como lo es el interés de que se trata.

II

CÓRDOBA 28 DE DICIEMBRE DE 1882

Los que piensan que la crisis económica de estas provincias está vencida sin más que aprovechar el agua que cayó de las nubes, cambiarían de opinión bien pronto, si en vez de hacer conjeturas, tan fáciles como vanas, viniesen a este país y viesen... ¿qué? nada más que lo que salta a los ojos; la miseria que se exhibe por las calles. No se figure el lector que, en Córdoba a lo menos, el hambre anda amotinada, profiriendo gritos subversivos, ni pidiendo pan a las formas de gobierno; nada de eso; este pueblo es pacífico, como ya veremos tratando de su situación social más despacio; rara vez se subleva. Aquí la miseria de la clase jornalera, cuyo número se notará en los datos exactos que hemos de publicar, se manifiesta de otra manera; en forma menos alarmante que la sedición; pero en rigor no menos triste.

Esta mañana misma (y como hoy todos los días) he visto a la puerta del Ayuntamiento una multitud apiñada, *haciendo cola*, según la expresión vulgar. Todos aquellos hombres, allí inmóviles, a las once de la mañana, tristes y como soñolientos, ¿qué esperaban ociosos, mano sobre mano? El jornal del municipio. Aguardaban a tomar vez para pedir trabajo; un salario mezquino a cambio de un esfuerzo análogo. El Ayuntamiento podrá tener personalidad jurídica; pero no es un empresario de carne y hueso, no es un amo que vigile, no tiene ojos para inspeccionar el trabajo; paga poco, pero no exige una faena muy violenta. En el Ayuntamiento se da un salario que no obedece a las leyes naturales de la distribución; no está sujeto al movimiento normal de los precios según las condiciones del mercado. Aun admitiendo que el precio corriente del salario sea aquí ahora inferior al precio natural, el que ofrece el Municipio es todavía inferior al corriente, al que se puede considerar tal en el mercado. ¿Cómo es esto?

El precio corriente es el que ahora satisfacen los que ocupan al obrero en trabajos de empresa particular; pero la corporación municipal puede ofrecer un jornal más bajo, porque sabe que, a pesar de todo, en busca de ese salario ínfimo vendrán todos los jornaleros que aguardan a la puerta del ayuntamiento, como pobre que espera a las puertas de un monasterio la sopa boba de los frailes. Una peseta o 1,50 es el jornal, según mis noticias, que consigue esa multitud de trabajadores, de tan diversa catadura.

¿Por qué prefieren, sin embargo, el trabajo que proporciona el municipio? A esto responden con unanimidad, que aflige todas las personas a quien he consultado, que ese pueblo abigarrado, de tan diferente procedencia, oficio, fuerzas, aptitud y costumbres, acude a mendigar, puede decirse, acaso a pedir en pretendida justicia, un socorro en forma de salario, creyendo que no se trata del cambio natural de servicio entre empresario y trabajador, sino de un medio inventado por la autoridad para matar el hambre del pueblo, siendo la tarea que se les impone el pretexto para el jornal, que es lo que importa. ¿Es verdad esto? ¿Es verdad que estos obreros (muchos improvisados), prefieren el jornal menor que corresponde a un trabajo menos pesado y dejan el precio que debiera ser corriente, y superior, por tanto, dada la situación del momento; pero el empresario, del cual, exigirá el cumplimiento exacto de lo que el obrero ofrece en cambio del jornal? ¿Será verdad también que entienden como una obligación normal, constante por parte del Estado (ya en la esfera municipal, ya en las superiores), la asistencia a la clase jornalera en la forma de un salario, que no es precisamente el precio de un trabajo análogo?

Por triste que sea, la imparcialidad obliga a declarar que en todas partes se oye la afirmación más desconsoladora. Sí, dicen todos (y citan numerosos ejemplos, que yo también iré notando), la mayor parte de los obreros entienden de esa manera las relaciones de su trabajo con el salario que por él se cambia. Yo no hago aquí más que repetir la opinión general; pudiera decir unánime, entre las personas imparciales. Me abstengo de emitir un juicio que pecaría de precipitado, por más que algo indica esto que acabo de ver por mis ojos. Pero ¿y la culpa de esto? ¿Es exclusivamente de las clases jornaleras? No, ni mucho menos. Si este trabajo emprendido de parte de *El Día*, ha de tener algún valor, consistirá precisamente en la justicia de dar a cada uno lo suyo, de decir la verdad a todos. Hay en la organización económica de este país vicios inveterados que se deben estudiar despacio, y creo que en ellos se ha de ver gran parte de esa culpa que no podría echarse sin precipitación e injusticia sobre honradas clases, que ni aun son responsables por completo de todos sus extravíos.

Por desgracia y por causa de la ignorancia, principalmente, nuestro pueblo, nuestras clases más pobres, viven en tal estado, que sus defectos y cualidades es preciso estudiarlas imparcialmente, tal como son, eso sí, para averiguar a donde llegan los males, pero sin pensar en recriminaciones ni responsabilidades, que en rigor no existen. Por eso, cuanto en adelante se diga, al tratar concretamente las cuestiones que con este asunto se relacionan, no será nunca ocasión cruel contra los hambrientos, que harto castigo tendrán con el hambre, si castigo merecen; sino estudio sereno y serio de una enfermedad real, que es preciso atacar, no por el prurito de acusar a nadie, ni de buscar culpables, sino porque no hay otro camino para procurar el adecuado remedio.

Por lo demás, en otras clases hemos de encontrar también capitalísimos errores económicos, que contribuyen no menos a la común desgracia; sí, común desgracia, porque voy viendo que alcanza la penuria a más clases que la obrera.

Si a ésta le ataca el hambre directa como indirectamente, otras hay que caminan al mismo término, pasando por los tormentos de la usura, por la ruina y todas las angustias morales que le sirven de cortejo. De todo esto es preciso tratar con tiempo y espacio; hace falta, ante todo, exponer las consideraciones generales que nos ocupan en estas primeras cartas que puedo llamar de *impresiones*; y después de este trabajo tendrá su propio valor el de los datos correctos, examinados, comparados, para sacar de ellos toda la enseñanza que encierran. Hay algo (como lo hoy considerado), que salta a la vista, que no necesita ser reducido a números, a medidas exactas, para que haga pensar y para que enseñe al observador lo que necesita ser estudiado; de esta materia se hablará en la primera parte de esta correspondencia; más adelante, reunidos y clasificados los datos que voy recogiendo, vendrá la oportunidad de traer a colación cifras cuya exactitud se procurará, y la solución de hechos determinados, de verdad evidente, de enseñanza práctica irrecusable.

III

CÓRDOBA 4 DE ENERO

En mi carta anterior, en que trataba (como en ésta y en algunas otras todavía), de las impresiones que recibe el que llega a esta tierra con ánimo de observar y anotar imparcialmente los fenómenos de la vida económica, en lo que se refieren a la actual crisis, comenzaba hablando de la miseria que salta a los ojos en las calles, pues se ve al pobre obrero demandando trabajo, como pobre a la puerta del convento, ante los umbrales de la casa del municipio. Incidentalmente, no por seguir orden riguroso todavía en la materia, hablaba de la viciosa conducta económica de estos trabajadores que, según la fama, prefieren el jornal exiguo al salario corriente, porque el primero lo da quien no vigila bien el trabajo, quien no tiene interés personal en sus resultados. Pero añadía que si este error podía explicar algo de lo que aquí sucede en materia de producción y distribución, era preciso no creer que sólo a la clase jornalera hay que educar: errores económicos. En efecto, es necesario notar que las relaciones económicas en este país padecen males radicales que se pueden estudiar en todas las clases.

Por esto no es una crisis transitoria, puramente causada por los llamados agentes naturales, lo que conviene estos días en Andalucía. No faltan aquí mismo personas de carácter superficial, que sólo vean en las desgracias de este verano las consecuencias de una sequía. A mí mismo se me ha contestado en alguna parte, al solicitar datos: –Pídale Ud. datos a Dios; él sabrá por qué no ha llovido; y eso es todo. Por lo visto, este buen señor (y como él hay muchos) querrá una Providencia de regadío, sometida a la ley de aguas... Los más, y los más ilustrados, ven la situación de muy diferente manera. Personas muy autorizadas me lo repiten a todas horas. El actual alivio que han tenido las miserias de nuestras clases pobres, de las jornaleras, no se debe principalmente a las lluvias, de que tanto se ha hablado: es que en estas provincias esencialmente agrícolas, la aceituna es un producto de los más importantes; la cosecha de este fruto no es mala, ocupa bastantes brazos, y de este modo ha sido posible respirar un poco; en cuanto al alivio de que podremos dar gracias al agua caída de las nubes, todavía se hará esperar mucho; hasta el verano próximo no dará sus benéficos resultados, y de aquí a entonces se renovará la apuradísima situación del pasado estío; concluirán las labores que exige la recolección de la aceituna, y entonces volverán a quedar sin ocupación todos estos jornaleros.

Esto por lo que respecta a la clase obrera, pero además hay que notar el estado en que se encuentran los propietarios, y más especialmente los arrendatarios de las grandes propiedades en que se divide aquí la tierra. No es aún ocasión de examinar todas las condiciones de la producción agrícola, pero sí viene a cuento indicar que la crisis con caracteres de mayor duración llega a estas clases, y que en este punto, al hacerse más complejo el problema, se ve que su solución depende mucho menos de las eventualidades meteorológicas de un solo año. Aparte de que vive en muy malas condiciones económicas el país que puede verse al borde de la ruina, porque una sola cosecha se pierda, fácil será notar que según son en la mayor parte de Andalucía las relaciones del capital al cultivo de la tierra, se hace éste cada vez más difícil, y se necesitaría una serie no interrumpida de cosechas óptimas para alejar –no otra cosa– los conflictos sociales y el empobrecimiento general a que lleva necesariamente este modo de vida económica.

Si hay esos errores capitales, como en el curso de mi trabajo procuraré demostrar (y no ciertamente a los andaluces, que harto lo saben), es claro que no sólo en las clases obreras está la culpa, o lo que sea, de la situación penosa que lamentamos, porque esa clase, por su escasa, pudiera decirse nula, ilustración, no es la que debe dirigir –por ahora al menos– el movimiento complejo de las relaciones de producción, distribución y consumo, y además, el jornalero acude al mercado a buscar el pan de cada día y no puede tener a su disposición los medios reflexivos que pueden realizar un cambio en la marcha de los negocios económicos. El empresario de la tierra, el colono que toma sobre sí la enorme responsabilidad de cultivar más terreno del que le permiten explotar, en condiciones ventajosas, los medios de que dispone, ése es el que debe procurar cambiar de rumbo, notando que sus errores a él primera y principalmente perjudican.

También los propietarios, que al cabo ven empobrecerse su capital, tienen mucho que hacer en la reforma que la necesidad impone. La crisis del hambre del pasado año, y la que se cierne a más andar para dentro de poco, no son más que el período agudo de una enfermedad crónica; son crisis dentro de una crisis mayor, como me decía hace poco un notable escritor sevillano.

Si para todos hay responsabilidad y para todos hay daño, probar lo cual es uno de los objetos de estas cartas, se ve que el problema abarca toda la vida económico-social de Andalucía, y que su solución no ha estado, ni podía estar, en el alivio, aún lejano, que algunas nubes venidas en buen hora, puedan haber traído.

Tomando este aspecto de generalidad, así en tiempo como en extensión, el asunto que me ocupa es necesario ordenarlo según sus elementos pidan, y procuraré hacerlo así, sin perjuicio de la claridad ni de la *actualidad* de mis correspondencias.

Sin pretender el riguroso método de un estudio didáctico, procuraré evitar la confusión que traería el ir tratando de los muchos puntos que conviene estudiar según la casualidad determinase, sin más orden que el desorden en que a mí llegan los datos que voy recogiendo. Por fortuna, la vida económica tiene un proceso natural, lógico, y ése será el que seguiremos, en cuanto sea posible, dado el carácter de estas indagaciones.

IV

JEREZ 13 DE ENERO

Interrumpo la ordenada serie de mis cartas, en que voy tratando por sus pasos contados de la crisis económica de Andalucía, según el método que me he propuesto, para hablar hoy nada más que de las impresiones recibidas al llegar a esta ciudad, cuyo estudio, desde el punto de vista que nos importa, es de los más interesantes que pueden hacerse en Andalucía, porque, en compendio, se ve aquí planteada la cuestión dificilísima que debiera preocupar al Gobierno, y a todos, más de lo que en general preocupa. En Córdoba, en Sevilla, en Cádiz me han dicho cuantas personas he consultado, que en ninguna parte como en Jerez podía verse todo el valor de la actual crisis; y, en efecto, llego y veo y oigo lo mismo que se me había anunciado.

Más vale llegar a tiempo... Hoy mismo ha sido asaltada una panadería en esta ciudad, y la autoridad está alarmada, y con motivo. Están en Jerez, y han conferenciado en casa del señor alcalde, el capitán general del distrito y el comandante general de Cádiz. Estos señores no han venido a Jerez con motivo del atropello de que hablo arriba; éste ocurrió hoy a las cuatro de la tarde, y cuando yo he tenido noticia de tal asunto, lo ignoraban las autoridades militares de que trato. Han venido, porque los sucesos de Arcos y otros puntos han alarmado la opinión, y en general, el estado de los ánimos en esta ciudad no inspira gran tranquilidad, porque subsiste la tirantez de relaciones entre obreros y capitalistas.

Qué harán, o qué decidirán hacer –aunque después no lo hagan– estos señores militares de tan alta graduación, yo lo ignoro. Es lamentable que por culpas, que ahora no tengo tiempo de achacar a nadie, pero que son positivamente de alguien, pueda llegar el caso de que sea un capitán general el que tenga que resolver perentoriamente una cuestión social como la que en Jerez está seriamente planteada. Para evitar que la fuerza se vea obligada a dar su voto en asuntos tan ajenos a su cometido, conviene siempre que los gobiernos hagan pacífico alarde de ella, porque es preferible que el poder sea respetado sin necesidad de castigar, y muy triste que sólo se conozca lo que puede después de haber castigado. A Jerez habían venido fuerzas de la Guarcia civil en número suficiente para tener asegurado el orden, pero pasado el primer susto se ha repartido por los pueblos comarcanos; además de cuatro compañías que creo había aquí, se han destinado dos a otra parte, y es muy escasa la guarnición que queda en la ciudad, en opinión de los que conocen el pueblo. ¿No sería muy de lamentar que por esta ausencia de la fuerza pública hubiese disturbios que tuviesen que ser sofocados con medidas violentas? Una representación suficiente del poder coercitivo en Jerez, conseguiría probablemente impedir el daño que la sedición puede causar, si llega, y el daño, no menos lamentable, que habría de producir el castigo.

Muy lejos estoy de pensar con esto que las cuestiones que aquí se ven en tela de juicio, de manera un poco alarmante, puedan ser resueltas por los argumentos de la fuerza; me refiero únicamente a las fatales relaciones que tales materias tienen con la cuestión de orden público.

Claro está que lo mejor sería para todos procurar el bienestar de los que se quejan por los medios puramente racionales, mas para eso sería preciso que todos prescindiesen de la violencia y de las amenazas. En Jerez, como en otras partes de Andalucía, y de esta comarca especialmente, la situación de las clases obreras es angustiosa; pero nada podrá mejorar ni con las amenazas de imposición colectiva de los que se quejan, ni con las medidas que puedan tomar todos los capitanes generales del mundo, si son *a posteriori*.

Antes sí, la fuerza pública puede servir, y mucho, para asegurar la paz material; conviene que allí donde haya peligro o riesgo siquiera, exista esa garantía. Lo malo está en que el Gobierno puede creerse libre de toda responsabilidad en asegurando el orden (lo cual, después de todo, nunca puede decirse en absoluto), y su cometido no acaba ahí por cierto.

Volvamos a Jerez. Desde que se entra, se ve aquí, como en Córdoba, la miseria por las calles; pero aquí en estado de mendicidad. Al anochecer, y aun al mediodía, por las calles céntricas y por las solitarias y apartadas, salen al paso muchos, pero muchos braceros sin trabajo, que piden, ya sin miedo, una limosna. En las plazas, en horas que son en cualquier parte de trabajo, hay numerosos grupos de ciudadanos, cuyas trazas son las de jornaleros que por lo visto no tienen trabajo. Se nota efervescencia en estos grupos, y la imaginación, no sin motivo, asocia esto que salta a los ojos a las noticias por todas partes corrientes acerca de lo que se llama aquí, bien o mal, socialismo. Es opinión muy general, pero que yo no tengo todavía datos suficientes para dar por probada, que aquí la mayoría de los obreros –las tres cuartas partes, según muchos–, pertenecen a una convención de trabajadores que tiene unos estatutos, una disciplina rigurosa y unidad de acción maravillosas.

Se citan muchos ejemplos, de que ya se hablará varias veces en estas cartas, de obreros que han rechazado trabajo por no ofrecérsele en las condiciones que su *reglamento* establecía. Personas que por razón de su oficio se ven en continuo contacto con la clase obrera, me han asegurado, con perfecto acuerdo todas ellas, que existen, sin duda, o han existido, fondos de resistencia, sin los cuales no se hubiera explicado cómo por ocho, diez o quince días se podían mantener centenares de jornaleros desocupados, sin renta de ningún género. También se habla mucho de la procedencia de esos fondos, y de esto trataré largamente en su día. Hoy sólo apuntaré que entre las opiniones referentes al origen de los supuestos fondos de resistencia, hay algunos en que se luce la fantasía de los andaluces, por más que sería ligereza juzgarlos desprovistos de toda verosimilitud; no menor ligereza que admitirlas sin más pruebas.

Es claro que todo esto merece ser visto más despacio, y así será, pero de cualquier modo, se comprende que la cuestión que me ha traído a Andalucía está en Jerez viva, en toda su fuerza; que el cuidado del Gobierno y la atención pública se deben al estado de estos pueblos, que es anormal, sin duda, pero que amenaza convertirse en mal crónico si no se busca eficaz remedio.

V

GRANADA 25 DE ENERO DE 1883

En una de mis cartas prometía decir algo del orden natural que se debe seguir al considerar la situación económica de las provincias. El orden ha de ser el que la lógica indique en la vida de los fenómenos de esta clase, determinados, según su especial modo de ser, en la región de que se trata. Andalucía ofrece poca variedad en sus relaciones económicas. Este es el primer síntoma del atraso en que vive.

Algunos partidarios extremados de la división del trabajo, consideran que un país que produce determinadas materias, aunque éstas no basten ni con mucho para asegurar, sin el cambio, las principales necesidades, debe continuar procurando aquel producto que por ley de la naturaleza le corresponde, porque así se realiza en el mercado universal el inmenso beneficio de la división de las aptitudes aplicadas a su medio adecuado. Este argumento puede deslumbrar a primera vista, y es, en efecto, invencible, cuando se reduce su aplicación a los límites de un pueblo solo, de una comarca, que vive en comunión de derecho con otras, que le ofrecen todo lo que necesita, fuera del producto exclusivo a que se consagra. Además, en aquellas industrias, que al establecerse han exigido grande esfuerzo de la voluntad y de la inteligencia, nada contra la civilización y laboriosidad de un pueblo indica ese exclusivismo de la producción. Hay pueblos consagrados a una industria manufacturera, casi exclusivamente, y sin embargo, son ricos, y nada se puede decir contra su actividad productora.

Pero cambia la importancia de esa doctrina cuando se aplica a grandes regiones que se dedican monótonamente a una especie de producción, no por haberla escogido después de pesar la oportunidad que ofrecen los medios naturales inmediatos y la facilidad de salidas normales, constantes y suficientes; en tal caso, que es el de Andalucía en gran parte, ya no se trata de una acertada división del trabajo universal que tenga la garantía del mercado, sino de una adaptación inconsciente a los medios continuos, inmediatos, que ofrece la naturaleza; en tal caso, no se revela previsión, sino pereza; no se ha consultado la situación del mercado, no se ha pensado en las salidas, sino que se ha producido, por producir, aquello que más fácil era; lo que la naturaleza ofrecía casi hecho. Pongamos el ejemplo que nos llevará al asunto propio. Andalucía se consagra con un predominio que raya en exclusivismo a la agricultura, y dentro de ésta escoge determinados productos que cultiva con monótona insistencia.

Las provincias de Córdoba, Sevilla y Cádiz –prescindiendo a ésta de su parte de costa–, viven consagradas casi por completo al cultivo de productos de sus campos, que de tiempo inmemorial acaso vienen siendo allí poco menos que exclusivos. No influyen gran cosa, ni contrarían lo afirmado, la naciente industria sevillana, que en su día veremos en qué consiste, el muy escaso trabajo minero de Córdoba y algunas otras excepciones que pudieran citarse. En otra parte de Andalucía ya se ve mayor variedad; en Málaga puede decirse que la industria tiene importante desarrollo; en Almería el trabajo de las minas es el predominante, mas por desgracia, en condiciones en que la iniciativa individual ha hecho muy poco para contrarrestar los efectos nocivos de las variaciones del mercado. Cuando un país ha escogido su trabajo, el género de su industria, contando, sí, con el suelo en que está enclavado, con los medios naturales que le son propios, pero contando más con su esfuerzo, con su reflexivo trabajo, su suerte depende menos fatalmente de las influencias atmosféricas y de las alteraciones de mercados que son por completo extraños al cuidado de la prosperidad de los pueblos productores. La complejidad de las variadas industrias, la reflexión anterior al producto, para prever las vicisitudes del mercado, hacen menos probables las crisis económicas que pueden poner a regiones extensas en el apretado caso del hambre.

Por el contrario, en pueblos como Andalucía, que han añadido tan poco en la producción económica a lo que heredaron de la tradición, y en lo que tienen por don de la Naturaleza, las vicisitudes físicas, que dificultan o imposibilitan por algún tiempo el cultivo ordinario, o el logro de lo confiado a la naturaleza, pueden traer estas grandes calamidades que afectan a pueblos enteros, y llegan, por la solidaridad de los intereses sociales, a todas las clases.

Ahora bien; si el orden natural exige que se trate primero de la producción y de su modo, según el país de que se habla, ya sabemos que este primer capítulo en Andalucía ofrecerá poca variedad, pero no por esto menos detenimiento, porque la complejidad que ya hay en la industria, considerada técnicamente, hace, el atender a las relaciones económicas de ella, en la distribución principalmente.

Pensando en lo cual, me aconsejó la prudencia suspender algunos días estas correspondencias hasta ver en conjunto la manera de vida económica y de la producción, especialmente de este país; y después de recorrer las varias provincias que comprende, he visto que no bastaría ir haciendo la reseña parcial del estado económico social de cada una, sino que antes será necesaria una consideración general de aquellas condiciones que les son comunes.

VI (*)

Es preciso confesar que cuando se considera el estado de la vida económica en un país, la multitud de relaciones de que depende y que van saliendo al paso, fácilmente introduce confusión en el pensamiento, y muchas

(*) En lo sucesivo las cartas-artículo fueron publicadas sin señalar la fecha ni el lugar desde el que se remitían.

veces ocurre dudar lo que es causa y lo que es efecto. He observado en Andalucía que, según las opiniones políticas y según la cultura, la profesión y hasta según el temperamento, se atribuye el malestar y la decadencia a diversas causas; quien ve toda culpa en el sistema político; quien, concretándose más, la ve en el presente Gobierno; quien la atribuye a la organización de la propiedad; quien a la rivalidad de las clases; quien a una determinada; quien a los vicios del carácter; quien a las influencias del clima, y quien a las condiciones geológicas del territorio. A todo eso, y a mucho más, hay que atender, sin duda, pero prescindiendo de exclusivismos, no sólo apasionados, sino deficientes, por lo mezquino de sus miras.

Mucho malo hay que pensar, por ejemplo, de la organización política y administrativa de España, al ver su influencia en los males que Andalucía padece; mucho habrá que decir contra los poderes, según son constantemente, y según en la actualidad funcionan; pero sería absurdo, a más de injusto, hacer de esto arma de oposición, y reducir el ataque al gobierno de estos días, ni siquiera a los gobiernos en general. Caer en el pesimismo en que caen algunos, librando de responsabilidad a todas las autoridades y diciendo que el mal no tiene remedio, porque nace de vicios invencibles en la raza, de decadencia, o por lo menos, estancamientos inevitables, como es inevitable la vejez en los organismos físicos, es olvidar los hechos que están diciendo a gritos que muchos de los males nacen de errores visibles, ajenos a esas tristes consideraciones etnológicas, v. gr., si en un pueblo como Jerez hay tal desigualdad en la tributación, que se vio ocupando el octavo lugar en la lista jerárquica de contribuyentes, hombres que no tenían para pagar su entierro, y muy por debajo de él quien podía enterrar a sus expensas a todos los jerezanos, ¿se podrá atribuir esto a vicios fisiológico-morales de la raza?

Si hay alcaldes que oponen insuperables obstáculos a la construcción de una carretera en que se ha de dar trabajo a muchos vecinos hambrientos, y además es de necesidad para el tráfico de la comarca, y se oponen porque la carretera atraviesa fincas de un magnate, de quien el alcalde es hechura y especie de lacayo; si esto ocurre, y ocurre en efecto, ¿puede atribuirse a la influencia del clima en la actividad muscular de los andaluces?

Yo he observado, al recorrer las diferentes comarcas andaluzas, que en general aquel pueblo no se preocupa cuanto debiera con su estado social; cada cual lamenta el daño que tiene encima o el que próximamente le amenaza; pero pocas son las personas que, aficionadas a los estudios económicos, procuran formar conocimiento total de las causas y efectos ciertos de la crisis, y aun entre estas pocas, predomina casi siempre la parcialidad, no motivada por pasión, y por interés egoísta en muchos casos, sino por preferencias y preocupaciones que nacen de la profesión y otras muchas circunstancias.

Mientras algunos labradores se obstinan en pensar que todo el mal consiste en que no ha llovido o ha llovido poco, como opinaba cierto ex-alcalde de Sevilla, en algunas comarcas, en Jerez singularmente, no falta quien atribuya el estado miserable, y en cierto modo insufrible de aquellas regiones, a la fermentación que llaman socialista, y de aquí que algunos propongan como remedio supremo la Guardia civil. Es preciso prescindir, admirar la cuestión en su conjunto, de estos criterios parciales, erróneos por exclusivos. En cuanto al gobierno, se ve que también aplica, las pocas veces que piensa en estas materias, un procedimiento puramente empírico.

El sistema de ir acudiendo con paliativos a curar o a templar los dolores agudos que causa el mal, es más fácil que serio y provechoso. Ahora se ve que en Jerez peligra el orden público, aumenta la intranquilidad, y se propaga el *bandolerismo de cátedra*, que pudiera llamarse, es decir, el bandolerismo que pretende haber aprendido en libros y periódicos sus procedimientos; pues bien, al Gobierno se le ocurre mandar a Jerez un magistrado especial; en buen hora, pero si se trata de pesquisas judiciales, ¿por qué no van jueces, no ya especiales, sino singulares, singularísimos, a estudiar las demasías de tal o cual cacique, que vende y compra la justicia, hace y deshace alcaldes y otras autoridades, a su antojo, y por completo imposibilita en comarcas enteras el libre juego de la Administración pública?

¿Dirá el Gobierno que contra estos no hay manera de batallar; que sus maleficios son incoercibles; que todo se reduce a vagas acusaciones? Pues no es cierto, y yo creo que no faltaría en Andalucía quien se atreviera a lanzar ante la opinión y ante los mismos tribunales acusaciones concretas, si se pudiera esperar justicia en este punto.

¿Y por qué mandar jueces y civiles sólo contra el bandolerismo armado y contra el socialismo de los pobres, cuando también piden a voces justicia pronta y fuerte los hurtos que hacen en la Hacienda pública esos ricos homes de cuyos dominios el Estado no sabe, como ignoraba el rey D. Pedro que existieran los dominios del rico-home de Alcalá? ¿Y no son verdaderos hurtos las escandalosas ocultaciones, tan enormes en algunas provincias de Andalucía?

Hay quien se acostumbra a ver en la Hacienda pública algo de la hacienda propia (tan mal parada anda, que más parece, en efecto, del administrador que del dueño), y estos no ven que los que ocultan parte del territorio de que son dueños, roban tierra a la nación, que sólo disfruta de la que tiene cuando no es su propietario directo, por el medio indirecto del impuesto: ocultar riqueza territorial es robar a la nación, y es robar a los ciudadanos que tienen que pagar por el que oculta la parte alícuota del total de contribución que al ocultador correspondiera.

Pues ni el gobierno piensa en castigar estos delitos ni la opinión los mira con todo el odio que debiera. A mí me consta que a disposición del ministerio de Hacienda estuvieron años y años (y en rigor en su poder están siempre) los datos que pueden ilustrarle en este punto, datos que, casi con los números y sus relaciones, están diciendo los nombres de los que ocultan riqueza territorial; y la Hacienda nada ha hecho, porque, como todo se da la mano en la vida social, para mal como para bien, los mismos que tienen interés en que esa clase de delitos no se persiga, son personajes influyentes en la Administración y en la política: hay diputados, hay grandes dignatarios que verían su nombre en la lista de los grandes ocultadores, el día feliz y de justicia en que esa lista se publicara. ¿Dónde está el Juez especial que vaya a verificar todo esto?

VII

No se engañaba *El Día* al consagrar su atención y sus pesquisas a la cuestión social planteada hace tiempo en Andalucía, en términos que no dan espera ni dilación alguna. Creíase por muchos que tranquilizado el espíritu público con el beneficio de las lluvias, ya no habría para qué pensar en las provincias andaluzas con especial atención. Viajando por aquellas comarcas, oyendo a las personas que se interesaban en los asuntos públicos y notando la fermentación de ciertas ideas y pasiones, era fácil anunciar que poco tardaría la hora de que fuese preciso volver los ojos a la situación de aquella parte preciosa de España. También era fácil notar que el núcleo de toda aquella efervescencia, el lugar en que el malestar se hace sentir con más fuerza, era la región que comprende varias comarcas de las provincias de Sevilla y Cádiz, pudiendo señalarse en Jerez el centro de esta zona y también el foco de la perturbación, del desasosiego y de la crisis económica, en una palabra.

No porque en otras provincias no haya también muy hondo malestar, escasez y tristes espectáculos de muchas clases de miseria, como por ejemplo, en Jaén, en Almería, en parte de Córdoba y Granada; pero es lo cierto que donde lo más agudo del mal se sentía era en Lebrija, Jerez, Arcos, Puerto de Santa María, etc., etc., según se verá más despacio.

En otras partes, el mal era puramente económico, como por ejemplo, en Córdoba; en esta provincia también las clases jornaleras habían acudido a la autoridad en demanda de un trabajo que no podían encontrar en el mercado; pero a excepción de tal o cual conato de huelga sin trascendencia, allí la cuestión del hambre no estaba complicada con la política. En Jerez, en cambio, todos lo reconocían, el mal general de toda Andalucía estaba agravado con las perturbaciones que amagaban el orden, con el pánico que iba creciendo, las relaciones tirantes entre las clases sociales, los planes y atentados de muchos jornaleros. Por este aspecto que la cuestión general económica tiene en Jerez y las comarcas próximas, es por lo que merece especial atención el estado de aquellos pueblos, no porque la intensidad del mal en sí allí sea mayor, ni la crisis más complicada que en otras partes. Téngase esto en cuenta.

Algún periódico dice, aunque después se contradice, que a lo que hay que atender es a *La mano negra* exclusivamente; mandar Guardia civil y más Guardia civil, que no es hora de otra cosa. Cierto que allí hace falta mucha Guardia civil, y en una de estas cartas, hace más de un mes, se pedía esto, después de haber oído al mismo alcalde de Jerez, autoridad enérgica y celosa, que se quejaba amargamente, porque las fuerzas que había en la ciudad se distribuían por la provincia y se dejaba a Jerez sin defensa, en el caso, no muy inverosímil, de una seria colisión en las clases jornaleras.

Pero no es la prensa la que debe olvidar que con la fuerza sólo se puede remediar el mal que se haga por fuerza. Además, es preciso entenderse. ¿La Guardia civil va a obrar discrecionalmente? Los jueces que entiendan en el asunto por llamarse especiales, ¿van a seguir los procedimientos que quieran? No debe ser así. El miedo es mal consejero, y aunque la situación de Jerez exige celeridad y energía en las medidas que se tomen, recuérdese siempre que la arbitrariedad y la inclemencia nunca hicieron nada bueno. Vienen acumulándose, por causas y culpas ajenas, en su mayor parte a las clases jornaleras, males y males sobre aquel país, ayer próspero, hoy desdichado, decadente, y sería bastante motivo para llevar la desesperación hasta la rabia en aquel pobre pueblo que, gobierno y país, obligados a estudiar el remedio de tanta ruina, sólo atendiesen, en los momentos de apuros, a aplicar el cauterio de las violencias, quemando en la parte sana, por precipitación, por exceso de rigor y por el prurito que hay aquí de hacerlo todo teatralmente y con hipérboles de autoridad, después de hipérboles de anarquía.

Persiga en buen hora la autoridad competente, y sólo ella, a los criminales; pero no se olvide, sobre todo, por la prensa ilustrada, que en aquella tierra, eso que se llama, bien o mal, socialismo, es un vicio que se ha extendido con la miseria por la mayor parte de la clase trabajadora; y lo que es ir a prender y procesar y condenar a casi todos los jornaleros de Jerez y sus contornos, sería una *dragonada* demasiado fuerte. En este sistema parlamentario tan mal entendido, los ministros –no hablo de estos sólo, de todos– procuran, ante todo, cubrir las apariencias; en un momento de alarma ostensible, de gravedad patente, saben que habrá quien les pida cuentas, sino obran *con gran energía*, y, en efecto, se esmerarán en presentar las fuerzas atléticas del Estado, de cuya robustez responde a la *faz del país*. Pero el cuidado constante, lento, metódico, de los intereses económicos y sociales, ese cuidado que es el único que puede evitar los males íntimos, los que van trabajando lentamente al cuerpo social, ese cuidado, los gobiernos no lo tienen, porque nadie se lo pide, ni con motivo de él se anuncian interpelaciones.

Con motivo de la interpelación del Sr. Candau acerca de la cuestión social en Andalucía, hemos visto al ministro de la Gobernación levantarse a defender la conducta del Gobierno, la gestión de su antecesor; y con esto y con hacer el elogio de la actividad gubernamental, todo ha concluido parlamentariamente. En cambio, la cuestión práctica, la que exige habilidad y ciencia, y la presencia en el lugar del daño, esa la resolverán como puedan y sepan, un coronel de la Guardia civil y un juez especial. De otro modo: se convierte en cuestión de policía y de procedimiento criminal, una cuestión tan compleja que apenas hay materia de ciencia y arte políticos que no tengan que intervenir para resolverla. Pero ¿qué importa? En todo caso, ahí está el ministro para defender, aunque sea con paradojas, todo lo que sus subalternos hicieron. Esta es la gracia de la centralización administrativa; el poder central, omnipotente para dictar leyes y mandar a su arbitrio, es incapaz para aplicar remedios en la parte dolorida. ¿Por qué no han de ir los ministros de pueblo en pueblo viendo lo que hace falta? Es claro; lo esencial es contestar al señor Candau, que quiere saber lo que pasa en Andalucía. ¡Como si no lo supieran él y todos los prohombres de aquellas provincias!

Ayudar a esos *notables* de su tierra a hacer memoria, es a lo que deben dirigirse los conatos de la prensa ilustrada; no sólo a satisfacer con narraciones de impresión la curiosidad del público nervioso. Bueno es que sepan los lectores cómo se resuelve eso de *La mano negra*.

Pero hay que hablar de otras manos, no muy limpias, como decía con gracia un colega. Y hablaremos; se andará todo, pero despacio, porque necesitamos ordenar nuestros datos, publicar números, comparar, tratar cuestiones parciales, como las de obras públicas (caminos vecinales, carreteras, ferrocarriles, canales y pantanos, puertos, etc.), las de cultivos, modo jurídico de la propiedad, ganadería, relación de la producción a la renta del Estado, ocultaciones, caciquismo, secuestros, etc., etc., y todo esto y algo más que necesitamos exponer, exige tiempo y calma.

A pesar de todo, recordando que se escribe para un periódico, por estos días consagraremos nuestros artículos (más frecuentes en adelante) a materia que, sin salir de nuestro propio asunto, se refiera directamente a las cuestiones que van anejas a la que hoy llama la atención del público en la comarca jerezana. Ceda a la *actualidad* el orden, aunque cuestión de orden es la *actualidad*.

VIII

Según lo prometido, y por ser el asunto de más actualidad, dentro de los que comprende la cuestión de que se trata, comenzaremos hoy a considerar directamente la situación que han creado en Jerez diferentes causas, que es preciso ir determinando en sus orígenes, hasta donde sea posible, y en sus relaciones, para que *El Día* contribuya así, en lo que pueda, a ilustrar una materia difícil, de cuya solución práctica están principalmente encargados el gobierno y los distintos poderes, según su esfera de acción propia.

Apuntábamos el último día una observación en la que vamos a insistir hoy, para dar comienzo a nuestras investigaciones. Muchos caracteres de la conspiración llamada socialista de los pobres de Jerez contra los ricos, y casi, casi, contra el género humano, denotan que no se trata de una aberración pasajera de unos pocos, ni menos de un caso aislado, como tantos otros, de bandolerismo; que esta vez se presenta más alarmante por la extensión de sus planes y número de afiliados, por lo horrendo de sus crímenes y por el barniz casi científico y literario de sus pretensiones; no, no es eso. Respetando mucho la opinón del diputado que sostenía días pasados que la filiación de *La mano negra* está en el bandolerismo, y sin negar que exista alguna afinidad, creemos que otro es el origen y otra la naturaleza de la enfermedad social que singularmente aqueja a los pueblos de cierta parte de la provincia de Cádiz.

Personas de Jerez, que estudian con inteligencia y perseverancia estos asuntos, aseguran que la asociación existe lo menos hace cinco años; y que no se trata de una sociedad de fines y medios puramente criminales, se comprende considerando el número de afiliados y los antecedentes de algunos de los presos estos últimos días. Sólo en Jerez, se calcula que el número de los afiliados pasa de 3.000 y se acerca o llega a 4.000. Si fuera cosa de pensar que en un pueblo de no muchos habitantes, cada vez menos, por desgracia, había 3.000 asesinos, no había más remedio que pedir el fuego del cielo para ciudad tan corrompida; pero eso prueba su falsedad por la fuerza del absurdo; puede haber 3.000 y 4.000 fanáticos, que muchas veces los ha habido, y muchos más también, pero no 3.000 hombres con la vocación de la matanza y el robo y la destrucción. Por otra parte, en los antecedentes de algunos de los asociados, que hoy están en poder de la justicia, no se ve motivo para acusarles de criminales de oficio, sino que siempre tuvieron buena conducta. Es más, en los mismos Estatutos que se les encontraron, ley a que obedecen ciegamente, se les exige (según decía ya *El Cronista*, de Jerez en diciembre último) *patente de buena conducta*. Esta conducta, es claro, será relativamente buena; pero siempre significa tal pretensión, que no es el vicio vulgar del juego, la bebida, etc., lo que da vida y elementos a estas gentes; sus crímenes son obra reflexiva, trascendental, por decirlo así.

Ellos titulan su sociedad de esta suerte: «Asociación de pobres para hacer guerra a los ricos», en lo que ya se ve un fin constante, un propósito social que es como el ideal de todos. En el artículo 5º de uno de esos reglamentos se dice: «Cada individuo de núcleo (los núcleos son de diez) inventará todos los medios de pegar fuego, de asesinar, de envenenar; en fin, todos los medios de hacer daño y los someterá al examen del núcleo». En el último párrafo del Estatuto se dice: «Es deber enseñar a los hijos, y en general a los trabajadores, a tener odio a los ricos y a todos los que quieran dominar o hacerse superiores».

En esto ya se ve hasta una especie de filosofía nihilista: hay aquí algo del aniquilamiento del pesimismo, puesto en práctica por los nihilistas. Es claro que esto no es puro bandolerismo, según *clásicamente* se ha entendido siempre en España. Sería un bandolerismo sin carácter *nacional*.

También es evidente que no todos los asociados entienden toda la filosofía de esos Estatutos. Esta sociedad, como tantas otras de su género, tiene a la cabeza a algunos de esos semi-sabios, ambiciosos despechados, que hablan de los derechos del trabajo, y no trabajan más que en fraguar conspiraciones terribles y propagar doctrinas descabelladas, pero que ofrecen alicientes al pobre trabajador verdadero, cansado de sufrir y cargado de justicia en no pocas de sus pretensiones. En Jerez, y aún en otras partes, los que hablan de aniquilamiento general, de grandes y hasta universales represalias, de todo lo que se refiere al elemento metafísico y trascendental de estas utopías bárbaras, las utopías del retroceso, no son más que unos pocos; son los que han importado esos reglamentos, que basta conocer someramente para dudar que sean producto del país, a lo menos en sus bases; son los que han venido a sembrar esta discordia en terreno que, en efecto, estaba bien preparado, y esto es lo original, el elemento indígena de tales conflictos: el malestar anterior.

El medio de la propaganda es la predicación, tal vez de palabra, tal otra por escrito, como lo prueba la gran cantidad de ejemplares que en toda Andalucía, y especialmente en Sevilla y Jerez, se venden de la *Revista Social*, un periódico consagrado a atacar a los ricos y a defender, a su modo, a los pobres.

Existen, pues, los sacerdotes y los fieles de este culto del exterminio, y no sólo al estudiar la materia, sino también al juzgar a los delincuentes, se debe de tener en cuenta esta dolencia, siempre que sea posible. Por desgracia está demasiado atrasado el cultivo de la enseñanza elemental en Andalucía, y en Jerez especialmente, pero ya se puede sospechar que aquellos campesinos hayan estudiado por impulso propio todos esos problemas sociales, que aunque de mala manera, resuelven sus Estatutos; ni de la universalidad de la queja y del remedio sabrían ellos sin que viniesen de fuera a abriles los ojos (mejor se diría a cerrárselos). No es, pues, espontánea en ellos la rebelión, pero sí la adhesión a doctrinas y procedimientos por los que se les promete un alivio. ¿Qué es lo que habrá creado esta tendencia? ¿Por qué el fuego que no puede prender en tantas otras partes hace allí tales estragos y se propaga tan rápidamente?

Esto es lo que toca ahora; examinar, siquiera sea de prisa, la triste situación de las clases jornaleras en Jerez, y los orígenes más próximos de estos males.

IX

Ahora conviene estudiar dos elementos que principalmente influyen en esa facilidad con que se propagan en los pueblos andaluces, y especialmente en Jerez y las comarcas vecinas, las doctrinas más exageradas de comunismo, y lo que es peor, los experimentos de la escuela. Por un lado tenemos que considerar lo que hay en las costumbres de este pueblo que le hace adaptarse más pronto que otros a esas tendencias, y por otro lado los males que han venido a colocarlo en la situación desesperada que le inclina a extremadas soluciones, en que él pierde tanto como el que más.

En gran parte de Andalucía es antiquísima una extraña manera de relación entre los señores de la tierra, los grandes propietarios y los pobres trabajadores, sin una mota de aquel terruño que mueven y remueven toda la vida; una manera de relación, decimos, contraria a los sanos principios de economía.

La tierra es allí de muy pocos; subsisten los grandes dominios originados en causas históricas, ajenas por completo a las necesidades técnicas del cultivo, y a falta del equilibrio estable entre las clases, imposible allí donde es sólo la privilegiada la que tiene garantías de existencia independiente y seguridad de satisfacer sus necesidades, se creó desde antigua época un equilibrio inestable, un *modus vivendi* económico, anormal en sí, pero que se ha convertido en mal crónico, haciéndose constante lo que debiera ser pasajero. Es claro que los grandes propietarios no podían prescindir de la multitud de los desheredados: por una parte necesitaban de ellos para trabajar la tierra, y además, no les convenía que su miseria llegase hasta hacerles morir de hambre y desaparecer; era preciso, pues, sin cederles nada de lo que garantizase una existencia libre, económicamente, hacerles vivir, nada más que lo suficiente para que la población no se aniquilase.

Dentro de las condiciones personales de aquellas relaciones jurídicas de la propiedad, no era posible el juego natural y libre y espontáneo; no daba lo suficiente a las clases jornaleras, porque no siendo suyo nada, y siendo el estado del cultivo tan atrasado e imperfecto, que en muchas ocasiones no se ocupaban los brazos (en las sequías, por ejemplo, y en algunos cultivos durante grandes temporadas), no habría jornales, exigidos por el capital, y faltaba la única fuente de riqueza para los que dependían del trabajo de cada día. ¿Qué hacer? Lo que la vida natural económica no procuraba (dejándola su movimiento espontáneo dentro de aquella manera del derecho de propiedad), era preciso buscarlo por medio de una asistencia anormal, fuera de las leyes del mercado. De aquí nació esa especie de socialismo inveterado en gran parte de Andalucía, que consiste en calmar la miseria del jornalero en los momentos apurados con esas medidas autoritarias, a veces impuestas, pero casi siempre aceptadas inmediatamente, que consisten en que cada propietario se encargue de dar jornal a un número determinado de braceros, necesítelos o no, únicamente para que puedan subsistir en los malos tiempos.

¿Era esto, y es, porque subsiste el fenómeno, pura generosidad? ¿No debe verse aquí más que una protección cristiana que sirve para aliviar al pobre y hacer el elogio de los buenos sentimientos del rico? No por cierto;

sin negar en cada caso particular el valor moral de estos socorros, no se puede describir como situación normal en un país libre semejante estado, costumbre que acusa un organismo social enfermo. En Andalucía es muy antigua esta costumbre de los *alojamientos*, porque antiguo es el mal a que sirven de paliativo. No es generosidad, es una costumbre que la necesidad ha impuesto; pero no se ha visto que así se acostumbraba al jornalero a pedir como derecho esa especie de asistencia, que no era ni siquiera el derecho al trabajo, sino el derecho al jornal, que no es lo mismo. Estos alojamientos y repartos de jornales, a que tantos ayuntamientos han recurrido, como única salvación, en los últimos conflictos, son ya seculares corruptelas, que han venido preparando el falso concepto del trabajo y la propiedad que hoy es corriente en estas clases que tantas veces han vivido de limosna.

Muchos falsos filántropos, en rigor más apegados a las tradiciones del dominio que a la caridad, alaban esta especie de socorros disimulados, que periódicamente casi vienen a obligar más y más al jornalero respecto del amo; pero recuérdese que no de otra suerte se ha defendido la esclavitud y la servidumbre rusa, queriendo demostrar que no sólo por la ley estaba el siervo pegado al terruño, sino por el agradecimiento y el cariño. ¡Peligrosa filantropía, que oculta siempre el servilismo de una manera o de otra...! En Jerez saben, personas que estudian seriamente estos asuntos, que allí ya desde el siglo pasado hay memoria de crisis económicas, que se querían conjurar, como hoy, por este sistema de la asistencia pública; acudían los trabajadores a las puertas de la casa del corregidor o de las Casas Consistoriales, pidiendo socorro al grito, allí clásico, de *pan y frijoles*.

Muchas veces también, y en tiempos más recientes, la autoridad ha repartido los braceros, nos dicen, entre las personas más ricas de la población, obligando a éstas a dar jornales, en la cantidad determinada por el repartimiento que previamente se hacía. ¿Qué es esto más que el socialismo municipal, la forma más deseada por los *comuneros*? Pero socialismo para todos, porque era impuesto, y además, sin más ley que la necesidad, sin atención a lo que cada cual trabajaba; no se daba a cada cual según sus obras, sino que el trabajo era el pretexto; el jornal no estaba en relación con él; trabajase o no el bracero, la obligación de pagarle existía.

Así, que se vio entonces a más de un vecino llevar de paseo por la mañana a los trabajadores que le había tocado pagar, seis, ocho o más, y después darles su diario y en seguida asueto, para que el resto del día lo pasasen asaltando al transeúnte y pidiéndole limosna, para concluir probablemente tan gloriosa jornada en la taberna. Y para tan viciosa manera de remediar males que sólo se curan con el trabajo libre, digno, independiente, no se esperaba a las situaciones de gran apuro. En Jerez, aun en épocas en que el negocio vinícola prosperaba, si no en la medida que pocos años antes, lo bastante para que el pueblo continuara siendo excepcionalmente rico, como sucedía en 1867, se ha visto a aquel ayuntamiento tener que sustentar durante dos o tres meses a cuatro mil trabajadores, empleándolos en obras que se llaman de calamidad, y como dice quien nos suministra estos datos, calamitosas por su origen y por sus efectos. ¿No dicen nada para explicar lo que hoy presenciamos todos estos antecedentes que pudieran ampliarse de modo indefinido?

X

Si las costumbres económicas favorecen en Andalucía la propaganda de las doctrinas colectivas, como brevemente se ha visto en el artículo anterior, mucho más facilita el paso en todos los sueños de la reorganización social, el triste y miserable estado de aquellas clases que vienen a sufrir de rechazo las consecuencias de los errores económicos y de los vicios sociales que hay en las clases superiores de que dependen y en las esferas del Gobierno. Si ya el insigne poeta Ruiz de Alarcón decía en verso que el enfermo desea cambiar de postura en el lecho,

> aunque el mudar de postura
> sólo es mudar de dolor,

no debe extrañarnos que ese pueblo andaluz, que ve como dato positivo su miseria, quiera ensayar otra postura, quiera ver si de algún modo alivia sus males, o por lo menos los cambia. Se dice que todos los intereses son solidarios, y que si los jornaleros sufren de rechazo el mal que ocasiona la incuria, la ignorancia, etc., de las clases propietarias, también estas padecen con los vicios de los obreros y sus errores. Es evidente. Pero, como diría un colectivista, en las clases acomodadas son mayores los *fondos de resistencia*, pueden esperar mejor, y para ellos el problema que viene a plantear una sequía es puramente económico, y para el jornalero es de vida o muerte. El propietario o el empresario pueden arruinarse; el obrero puede morirse.

Además, sin acoger como cierta *la ley de acero* de A. Lasalle, el célebre socialista alemán, se puede reconocer que siempre pierde más en esta clase de crisis el bracero, que se encuentra con un jornal mermado, porque la paralización de los trabajos aumenta la oferta de brazos y disminuye la demanda, y al mismo tiempo se encuentra con el aumento de precio en los artículos más necesarios. Con estas dos marcas, la del jornal que baja y la de los artículos necesarios que suben, el pobre asalariado pronto se ahoga. Discúrrase para defender a la sociedad amenazada, todo lo que se quiere, menos negar esto...

Pues en Jerez todo contribuye, por desgracia, a que la miseria se extreme. A esta compasión que me inspiran los jornaleros de aquella tierra se oponen muchos creyéndola sentimentalismo pernicioso. Hay quien dice que no hay tal hambre siquiera, y citan varios ejemplos, ciertos sin duda, de tahonas asaltadas por los que se llamaban hambrientos, que sólo querían el pan de clase superior, y lo robaban entre bromas y cuchufletas.

Se dice que lo que hay es que en Jerez las clases trabajadoras están viciadas por varias causas, y que se han acogido a las doctrinas comunistas, porque en ellas el odio a los ricos nace del deseo de gozar también de las comodidades y el lujo, a que son tan aficionados.

Como en estos artículos creemos que se debe tener todo en cuenta, oír a unos y a otros, abrir verdadera información acerca del asunto, para que sea cierta la imparcialidad a que aspiramos, como único mérito, dejaremos espacio a los argumentos de este género, antes de estudiar por dónde viene a la clase jornalera de aquel país la miseria presente. Y entiéndase que en lo que se dice en contra de los descontentos trabajadores andaluces, hay mucho de verdad; el error está en querer achacarles a ellos toda la culpa de su males, mientras nosotros creemos que tienen parte en esa culpa las clases superiores, la Administración, y por desgracia, fenómenos económicos inevitables.

Iremos viendo todo eso, pero antes oigamos lo que, en resumen, se dice contra la clase trabajadora de la comarca jerezana.

Hubo una época de gran prosperidad para Jerez, años de riqueza como habrá habido en pocos pueblos, y cuyo apogeo puede señalarse allá por los años de 1863. Ya se sabe que el origen de esta abundancia era el mercado de vinos. En Inglaterra, especialmente, el Jerez tenía tales salidas y en tales condiciones, que no sólo los extractores y viñistas hacían grandes negocios, sino que los mismos trabajadores gozaban las consecuencias de aquella prosperidad nunca vista.

Pero... aquí empiezan los cargos; los jornaleros jerezanos, sea por causas climatológicas o por lo que sea, en vez de aprovechar aquella situación venturosa, no sacaron de ella más que la perversión de sus hábitos, acostumbrándose al lujo, haciéndose orgullosos y no pensando en ahorrar ni un momento, invirtiendo todas sus ganancias en gastos de ostentación hasta ridícula. Se ha repetido hasta la saciedad, para mengua de estas *cigarras* andaluzas, que las buenas gentes se hacían llevar en calesa a las viñas, en las que trabajaban con botas de charol, cuidándose de saber de cuando en cuando la hora que tenían, no por esos medios primitivos que usa en todo país el labriego, sino consultando el reloj, que a ninguno faltaba.

Esta abundancia pasajera creó necesidades falsas y aspiraciones locas; no nació el espíritu del ahorro (aquí reconocerán los mayores enemigos de los proletarios que el ahorro no nace en las clases ignorantes, siempre imprevisoras, si no se provoca, mediante instituciones adecuadas, que ofrezcan fácil entrada y garantías), y la consecuencia fue que cuando vinieron tiempos peores y los propietarios y arrendatarios no podían pagar jornales de 30 y 40, y a veces ¡hasta 60 reales! comenzó el disgusto, y se consideraron pobres, miserables, con dos pesetas, los que habían soñado con una Jauja eterna...

Y como hoy ya no nos queda bastante espacio, dejamos para otro día la continuación de este capítulo de cargos, si poco caritativo, de indudable verdad en gran parte. Los descargos vendrán en seguida.

XI

Sobre los defectos que se achacan a la clase jornalera andaluza, y a la jerezana especialmente, y de los que ya hacíamos ligera reseña, hay que acumular nuevas censuras. Sea por la sobriedad natural en esta tierra, o por la costumbre de la privación, el proletario no sólo carece de la virtud del ahorro, sino que su previsión llega a tan poco, que se contenta con el pan de cada día, y no se preocupa nada con las contingencias del mañana. A nosotros nos refería una persona muy seria, en Sevilla o en Jerez, no recordamos esto, que le había sucedido solicitar el trabajo de un mozo de cordel, tendido en la plaza pública, ofrecerle una buena ganancia, y oír esta desdeñosa respuesta: –En mal día viene V., que hoy he ganado por la mañana dos reales... Y el mozo de cordel andaluz, se había vuelto del otro lado para continuar durmiendo. No se puede decir que la incuria y la imprevisión lleguen generalmente a tal extremo; pero es lo cierto que no hay pueblo que menos se cuide que éste del día venidero.

También se critica la oposición sistemática que presentan generalmente los obreros a los arrendatarios y propietarios. Hacerle un *desavío al amo*, suele ser un título de gloria. Estos *desavíos* consisten en presentar dificultades para las ordinarias tareas, retrasar el trabajo, escatimarlo, y en ocasiones, imposibilitarlo a fuerza de exigencias. Pero esta clase de censuras ya son de carácter más transitorio, si quieren ser legítimas. La oposición del obrero al propietario o empresario, nace del estado de guerra en que francamente se han declarado, y de la organización innegable que tiene aquí esa clase proletaria para combatir lo que allí juzga exigencias exorbitantes del capital. Así como fue absurdo suponer criminales a tantos y tantos jornaleros, y creerlos comprometidos a cometer crímenes atroces, sería cándido negar que están de acuerdo para resistir hasta donde puedan las proposiciones de los capitalistas, que su asociación tenga por contrarias al derecho del obrero.

Muchos señores ingenieros de caminos y puertos, que son los que han tenido que tratar de cerca y constantemente con grandes masas de propietarios, nos decían con unanimidad que algo prueba: el trabajador de esta parte de Andalucía (Sevilla, Jerez, etc.), obedece a órdenes o pactos para él inviolables al contratar su trabajo. Quiere fijar horas de trabajo, decidir si se ha de contar o no como jornal entero el del día que el trabajo se tome o se deje; señalar el número de cigarros que se ha de fumar (símbolo de los intervalos de descanso en toda la jornada), y cuando se le advierte que tendrá que someterse a las condiciones comunes, a las que están establecidas para todos, contesta que sus estatutos se lo prohiben.

A veces, es claro, cede el obrero ante la entereza y vencido por la necesidad, pero en no pocas ocasiones resiste, como se ha visto en las obras del Guadalquivir en Sevilla (de las que hablaremos más despacio), y no es uno ni son dos ni veinte los que resisten, sino multitud, compuesta de trabajadores, que han llegado a estar diez y quince días sin trabajar, acumulados en un pueblo falto de recursos para procurar, ni de fiado, el sustento preciso; y sin embargo, han resistido esos hombres; no cabe duda que tenían en cantidades respetables *fondos de resistencia*.

Otras de las exigencias, en Jerez especialmente, consiste en la elección de instrumentos para el trabajo en las viñas. Los que facilitan y abrevian la operación de la poda, por ejemplo, los rechaza el trabajador; se impone la condición de que se ha de podar como antiguamente, no con tijeras, porque éstas, haciendo más, también en menos tiempo producen menos jornales.

Es claro que esto es causa de discordia entre jornaleros y empresarios o propietarios. Es de advertir que generalmente el jornalero de Jerez se consagra exclusivamente a las labores de la industria vinícola, con excepción de todo otro trabajo del campo; el cultivo de cereales, tan importante, y que exige numerosos brazos, por la extensión que alcanza en aquel término, es obra de jornaleros que acuden de las sierras vecinas, especialmente del Oeste, y hasta de provincias lejanas, pues desde Soria vienen muchos trabajadores a Jerez y su comarca. Como el trabajo de la viña, según veremos someramente, es complicado, exige aprendizaje, inteligencia y esmero muy especiales, el trabajador de Jerez hace alarde, por lo común, de consagrarse por entero a tal arte, y desdeña las otras tareas agrícolas. Es claro que esto no puede decirse en absoluto, pero es sabido que los jerezanos son para las viñas, en general, y que los forasteros trabajan la tierra aplicada a otros productos.

Ahora bien; la superficie total del término municipal de Jerez es de más de 140.000 hectáreas, y a pesar de que la industria principal de aquel pueblo, la que le hizo rico en otro tiempo y hoy le sostiene, es la vitícola, débese su importancia a la calidad de la industria, no a la extensión del cultivo, que es muy poca, en comparación a la total que dejamos apuntada: de esas 140.000 hectáreas (más son todavía) sólo unas 8.600 están consagradas a los viñedos, y en éstas hay que contar con los manchones, hijuelas, almijares y otros servicios, pues no contando con ellos, las hectáreas de viñedo serán unas 7.800.

En cambio los cereales sólo ocupan más de 71.000 hectáreas. Claramente se ve que si la población trabajadora de Jerez, la no propietaria ni arrendataria, se dedica con una preferencia casi exclusiva al trabajo de las viñas, aprovecha muy poco del que las necesidades agrícolas del término le ofrece.

Añádase a esto que, como saben todos, los trabajos de las viñas no son constantes, ni mucho menos; son para una parte del año que no llega, ni con mucho, a la mitad; y los que en otras faenas no se ocupan en las épocas en que las viñas no necesitan masas de obreros, huelgan, y tienen que repartir –si no lo han gastado– el jornal en dos o tres días, para que a cada uno del año corresponda una parte, es decir, que el que gana dos pesetas, en rigor no tiene jornal de dos pesetas más que nominalmente: su jornal, al cabo del año, es acaso de tres reales.

También he oído en Sevilla, y pienso que algo por el estilo sucederá en Jerez, lamentar la costumbre que tienen los jornaleros de la ciudad de volverse desde los cortijos a su casa, todas o casi todas las noches, mientras los trabajadores forasteros, a quienes en la ciudad no llaman ni el amor del hogar... ni ¡triste es decirlo! el de la taberna, en donde se juntan los compadres (o en la *barbería*, lugar de cita de los más sobrios), permanecen en los cortijos con gran ventaja suya y del trabajo. En efecto; el que vuelve a la ciudad procura dejar el trabajo antes, pasa la noche, parte de ella, en vela, fatigándose y fatigando el bolsillo; por la mañana cuesta más pena madrugar, el viaje al cortijo cansa también, la faena se emprende más tarde, o por lo menos con fuerzas menos frescas que las del que ha permanecido al lado del terruño.

XII

Examinados ya los cargos que comúnmente se hacen a las clases proletarias andaluzas, especialmente a los trabajadores de Jerez, de cuya triste situación ahora directamente tratamos, creemos que la justicia nos exige entrar ya a examinar otras causas de la miseria, ajenas y superiores a la voluntad de las que padecen, más que todo, con los errores de arriba y abajo. Creemos haber indicado ya que en el mal que se lamenta hay culpas de muchos. Empecemos hoy por las del Estado. Y no hablaremos de todas, dejando para más adelante las que son de carácter y consecuencias más generales, como la falta de verdadera Administración, los abusos políticos, la criminal desidia respecto de la corrupción que existe en materias rentísticas, etc., etc. Todo esto merece artículo aparte. Ahora se trata de algo más concreto. Se ha hablado mucho del estado tirante de relaciones entre trabajadores y propietarios; pero no se ha dicho nada de la guerra sorda que existe entre diferentes elementos del capital; no se ha pintado la lucha económica que hay entre extractores y viñistas; pues esta guerra existe, y el Estado, en vez de calmarla con la justicia, la hace de peor género apoyando a una de las partes, sin razón de derecho.

Para explicar mejor esto, es preciso decir algo de la tributación actual en general y de sus consecuencias absurdas en Jerez. En este país los ministros de Hacienda se suceden y se parecen; viven en el ministerio lo que las rosas, y este tiempo es muy poco para entender las necesidades económicas del país, sus recursos positivos y la manera de repartir entre ellos la pesada carga del impuesto. La centralización no podrá nunca remediar por completo males que son anejos a su naturaleza; pero, a lo menos, algo se podría hacer si el principal cuidado de los gobiernos no fuera cubrir las apariencias, en esto, como en todo, para ser correctamente parlamentarios. Se cree aquí que el colmo del buen gobernar es poder decir algo en el Congreso a un diputado preguntón, que a su vez sólo pregunta por cumplir. Sólo así se explica que en el reparto de los impuestos haya tales absurdos, tan grandes equivocaciones y tan irritantes injusticias.

Vengamos a nuestro asunto especial: Jerez ha pasado por ser una de las poblaciones más ricas de España, y en efecto, lo ha sido; pero ésta no es razón suficiente para que los gobiernos echen en olvido su actual decadencia. Es uno de los pueblos que más contribuyen: acaso no hay cinco o seis delante de Jerez en este concepto; en cambio su riqueza ha disminuido mucho. Ayudada la decadencia de su industria, sin las salidas normales que un día tuvo la principal producción, el vino; ayudada esta decadencia por las exorbitantes sumas del impuesto, figúrese el lector cuán grande es la desgracia que pesa sobre aquel pueblo, y si esto solo no sería bastante para llevar el malestar a todas las clases y la miseria a las más pobres y dependientes del pan que el jornal da cada día. Pero además de ser excesiva, para lo que es su actual riqueza, la tributación de Jerez, para mayor daño, es desigual, desproporcionada, injusta. En Jerez consiste la riqueza en las producciones agrícolas y en la industria del vino, y su comercio principalmente.

Ahora bien, el líquido imponible por inmuebles, cultivo y ganadería, asciende a *siete millones y medio de pesetas* próximamente, y sobre este líquido, se ha venido contribuyendo desde hace muchos años con el cupo medio de *un millón ochocientas mil pesetas*, o sea el 25 por 100, hasta el año último, en que se obtuvo alguna rebaja. En cambio, el comercio de vino, según cálculo aproximadamente cierto, representa utilidades líquidas por valor de *cinco millones de pesetas*, y satisface por subsidio unas *treinta mil pesetas*, esto es, poco más del medio por ciento sobre las utilidades. Esta desproporción absurda es una de las causas que más poderosamente influyen en la actual crisis económica. Cualquiera que sea el sistema de distribución del impuesto que se estime justo, aunque se crea que la industria y el comercio deben estar menos castigados por la tributación que la renta o el capital de la tierra, ni se explica tan gran diferencia, ni deja de cargar el peso enorme de esta desigualdad sobre verdaderos industriales.

Multitud de colonos, de cultivadores, que se consagraban a la producción vinícola como pudieran a cualquier otra industria, han sido sacrificados, y mientras la industria de los extractores prosperaba, ellos, en la desigual contienda, sucumbían. De quince años a esta parte podría formarse lastimosa lista de muchos cultivadores que han tenido que abandonar, por esta injusticia del Estado, su industria, no menos digna de respeto que la de esos comerciantes del vino de Jerez, que han formado fortunas colosales. Han desaparecido casi todos aquellos antiguos *pelantrines y pegujaleros*, que tan numerosos fueron en el término jerezano.

El pequeño cultivo y la pequeña propiedad se hacen así imposibles; todo va a parar a poder de unos pocos, de los que tan ventajosamente luchan en las batallas de la vida económica, merced a irritante privilegio, que el deplorable sistema rentístico crea y conserva. En las calles, en los cafés, en las fondas de Jerez, se oyen de continuo quejas amargas de cultivadores que desisten de la lucha y venden a bajo precio sus viñas, o dejan los arriendos, porque no es posible competir con quien lleva la delantera de satisfacer al Estado pequeña parte de su haber, mientras los otros están abrumados de la manera que hemos visto por la contribución excesiva.

Si a lo menos en Jerez hubieran recurrido los propietarios de la tierra al expediente tan generalizado de las ocultaciones, podríamos excusar esta compasión y estas quejas; pero precisamente en esa ciudad, tan castigada por el impuesto, desproporcionado, sobre todo, las ocultaciones no existen, o son insignificantes, como el Estado mismo tuvo que reconocer, admitiendo, después de examen detenido, la pretensión de los jerezanos de rebajarles el tanto por ciento de contribución, según la ley previene, en premio de la verdad y exactitud de sus declaraciones.

En efecto, según los datos oficiales de las oficinas del Estado, que respecto de Jerez podemos copiar con exactitud por habérnoslos facilitado persona muy competente de aquella ciudad, el término municipal de Jerez contiene 140.462 hectáreas, y según las declaraciones hay 137.252; tan corta diferencia se explica, por las notas que publicaremos en nuestro artículo siguiente.

XIII

Quedábamos en demostrar con los datos a la vista, que la irritante desigualdad tributaria que se notaba en Jerez, causa de privilegios absurdos, de ruina para muchos productores y de acumulación inoportuna de la propiedad, era allí tanto más lamentable, cuanto las declaraciones de la riqueza habían sido fiel y exactamente ofrecidas, al contrario de lo que sucede en otras muchas partes de Andalucía, como a su tiempo veremos. Copiemos ahora los datos a que nos referíamos, y hagamos las observaciones que conviene tener en cuenta, para que la igualdad de resultados entre el amillaramiento y los datos oficiales sea innegable.

Comparación de las superficies amillaradas con las obtenidas por mediciones del Instituto geográfico[1]:

CLASIFICACIÓN	Hectáreas según el Instituto	Hectáreas según las declaraciones
(A) Huertos y jardines	150	200
(B) Cultivo de cereales	71.161,50	65.000
(C) Viñedos	8.629,80	7.800
(D) Olivares	2.216,30	1.500
(E) Dehesas de pasto y bosque	54.574,50	57.500
(F) Baldíos y servidumbres	3.780	5.252
(G) Totales	140.462,10	137.252

NOTAS.– (A) En las cédulas-declaraciones, las huertas y jardines constan declarados en conjunto, como terrenos de regadío.

(B) La diferencia en menos que se nota en las declaraciones, tiene por causa el abandono del cultivo de cereales en muchas tierras en estos últimos años. Habiendo sido dedicadas a dehesas las más de ellas. Esto es una prueba real, estadística, de lo que decíamos en el anterior artículo.

(C) La diferencia en las hectáreas de viñedo se explica porque el Instituto incluye los manchones, hijuelas, almijares y otros servicios, que en rigor no pertenecen al cultivo productivo.

(D) Hay olivares de reciente plantación y otros que han sido arrancados, posteriormente a los planos del Instituto, y esto explica la diferencia.

1. Estos datos y otros que siguen, nos los facilita persona peritísima en estas materias de Jerez de la Frontera.

(E) En esta clase de aprovechamiento de la tierra se ve comprobado lo dicho en la nota B. El amillaramiento declara mayor número de hectáreas consagradas a dehesas y a pastos que el que arrojan los datos de los topógrafos oficiales.

(F) Si a los baldíos y servidumbres, clasificados detalladamente, se agregan las marismas, aún resultará mayor esta partida que su correspondiente de las cédulas-declaraciones.

(G) La diferencia entre los dos totales que se expresan, no llega al 3 por 100 de la cabida total del término, y por tanto, y dadas las condiciones topográficas de una gran parte del mismo, esta diferencia no puede considerarse como ocultación, porque cabe sobradamente dentro de los errores legales de la medición. En efecto, el Instituto declara inútil para todo aprovechamiento, una superficie de 3.315 hectáreas, que según el amillaramiento a que se refieren las comparaciones de sus datos, eran nada más 2.517 hectáreas.

No hay ocultación de la riqueza en Jerez, puede decirse, y en un pueblo que así procede es donde el Estado viene a introducir gravísimas perturbaciones en el equilibrio económico, poniendo el peso de su influencia rentística en favor de determinada industria, que por cierto no es la que más favores merece por circunstancias especiales.

Hemos dicho que los extractores de vino son los favorecidos enormemente por el impuesto, pues mientras los terratenientes pagan el 25, ellos en cambio satisfacen el medio por ciento, según las cifras copiadas; es claro que esto determina en favor de los extractores un movimiento de la riqueza peligroso, y tanto más peligroso, cuanto que al acumularse en manos de los que exportan el vino, viene a caer en poder de extranjeros las más veces, que, sin ofensa para ellos, pueden ser considerados menos afectos a la tierra en que viven que esos cultivadores empobrecidos. Véase, desde luego, la lista de los principales extractores de Jerez, de los que puede decirse que son los niños mimados del Impuesto:

Sres. González Byass y compañía, D. Manuel Misa, Sres. Garvey y compañía, D. Pedro Domecq, Cossens, Wisdom y Water, Davies, Mackenzie, William Engebach y compañía, Sandeman Buch y compañía, Guison, Hacerie, Vergara, Heyward, Wilson y compañía, Matthiessen y compañía, Pemartin (?), Santarelli, Forrester, Flude, Woodhouse y compañía, Webber, Agreda, Gramp, Suter, etc., etc.

Es decir, que la mayor parte de los extractores, y los principales sin duda, ostentan apellido extranjero. Así se explica que en Jerez mismo haya una fonda de Xerez con X, y botellas de Xerez con X siempre.

Pero esta X es fácil de resolver económicamente. Se arruina el propietario, se arruina el almacenista, se arruina el arrendatario, muere de hambre, por falta de trabajo, el jornalero de campo, y Jerez se convierte en colonia inglesa, gracias, sobre todo, a la protección, *al revés*, de la Hacienda española. Insistiremos en esta materia, con más datos, pues la cuestión es de las más dignas de atención y más necesitadas de reforma.

XIV

Si el Estado debe siempre procurar, dentro del respeto a la libertad de todos, la armonía de los intereses, en lo que quepa, sobre todo de equilibrio de la distribución de la riqueza, no por medios coercitivos o de represión, sino por los preventivos que las leyes pueden facilitar, considérese cuán lejos de este natural oficio van los poderes que en Jerez contribuyen, por las causas explicadas, a que sólo prospere la clase de los exportadores y se arruinen almacenistas y viñistas. Triste es, en efecto, que el impuesto venga a añadir tan poderosa influencia a los muchos que contribuyen a tan lamentables resultados. Tenía Jerez una industria singular, que le daba fama universal y lo hacía rico; pero la tendencia general de la industria moderna a producir más barato, a costa de la calidad del género muchas veces, tendencia acaso suscitada por las exigencias del consumo, ha tenido también su influencia en el comercio de vinos, y es hecho conocido por todos que fuera de España, en Inglaterra sobre todo, principal mercado de la famosa industria jerezana, ha pasado de moda el Jerez, el Jerez puro especialmente.

Por causas que no es del momento estudiar, el gusto general busca otros vinos con preferencia, los de Burdeos, por ejemplo, y es claro que la riqueza de Jerez ha tenido que resentirse mucho a consecuencia de este fenómeno, en cierto modo irremediable.

Por otra parte, amenaza también a la especialidad de la industria vinícola en el pueblo de que hablamos, la muy generalizada alteración de los productos: acaso entre como parte importante en este desprecio del Jerez, la convicción general, muy fundada, de que pocas veces se bebe el verdadero.

Un escritor andaluz, el Sr. Fernández de la Rosa, dice que el Jerez se falsifica en su tierra, y que apenas es posible beberlo puro, a no ser en las bodegas, junto a las soleras, donde se almacena y recría. Y si algún crédito hemos de dar al propio paladar, aunque profanos, diremos que nuestra experiencia nos dice lo mismo: el Jerez que probamos en la célebre bodega de los Sres. González Byass era distinto del que habíamos bebido pocas horas antes en la fonda.

Que esa general adulteración es cierta, se comprueba además con los datos de la estadística. Por ella se ve que es verdad, necesariamente, que en la fabricación del Jerez corriente entran vinos que no son de los pagos de aquel término. Es más; se ha propuesto a los viñistas jerezanos, como medida salvadora, incurrir en el mismo *delito*, adulterar sus vino.

Pero esto sería tanto como acabar para siempre con la fama del Jerez, y es preferible conservar las buenas tradiciones, cultivar con el esmero delicadísimo, merced al cual se logra aquel néctar sin parecido, y esperar así una reacción en el gusto, una nueva época de favor, que es bien merecido.

Viniendo ahora a la elocuencia de los números, diremos que se calcula la producción anual de las viñas jerezanas en el término medio de 160.000 hectolitros, comprendidas así las de primera calidad, *albarizas*, como las llamadas de barros y arenas, de inferior condición y que se aprovechan poco para la exportación. Rebajando estas dos clases, con más lo que de la primera se consume en el interior y lo que resulta de desecho o de quema (útil para la destilación del aguardiente), queda, según cálculo probable, reducido en más de la mitad de lo indicado el número de hectolitros que se dedican a la gran exportación.

Estos 80.000 hectolitros, que podemos suponer (unas 16.000 *botas*), dan en un decenio un total de 800.000 hectolitros. Pues bien, en el decenio de 1869 a 1878, el total del vino de Jerez exportado para Inglaterra e Irlanda ascendió a 3.494.979 hectolitros. Es decir, que sólo para ese gran mercado se exportó más de cuatro veces la cantidad que en el término indicado puede consagrar Jerez a la exportación total.

Esta situación del mercado hace que todo el provecho sea del extractor; que el almacenista y el viñista se vean obligados a vender a vil precio. Compárese el producto obtenido por los primeros con el que sacan los últimos de sus mostos y vinos, y se verá esa gran desproporción, que tanto contribuye a la alteración del género exquisito que Jerez cultiva, principalmente, y además el desequilibrio en las clases productoras, parte muy grande de la actual crisis económica. El Estado, ¿qué hace para evitar esto? Mucho, ciertamente, pero en contra: mucho para agravar el mal, mediante la injusta distribución de las cargas, según hemos visto anteriormente.

Cuan lejos estamos aquí de ese esmero, que los individualistas exagerados condenan, con que Estados como el francés procuran la conservación de ciertas industrias especialísimas, que irían a confundirse con la producción vulgar, incorrecta y precipitada, si no fuera por la vigilancia suprema. ¿Por qué no había de hacer algo el Estado español para conservar riquezas de especialísimo carácter, como el Estado francés, en otros ramos de la industria, procura conservar, por ejemplo, los primores de los Gobelinos, de Sèvres y de Beauvais. No se pide para el Jerez una protección directa, pero por lo menos, ¡que no se ayude a su ruina, a su desprestigio, por medio de la distribución absurda del impuesto!

Presentamos algunos datos que gráficamente nos hacen ver el fenómeno que lamentamos:

Estado de la exportación a Inglaterra en el decenio de 1870 a 1879, de vinos de Jerez:

Años	Hectolitros	Su valor en pesetas
1870	337.715	84.678.813
1871	367.814	91.953.654
1872	468.187	117.046.564
1873	500.885	112.609.118
1874	329.776	74.201.574
1875	279.775	62.950.061
1876	310.856	62.171.174
1877	296.447	60.410.772
1878	234.772	46.883.592
1879	210.206	42.040.864

Los años de 80, 81 y 82, fueron de casi la misma exportación que el de 1879. Compárese el resultado del producto con el precio de los mostos y vinos en el mercado de Jerez, y se verá de quién es la gran ganancia y en qué cantidades.

Pongamos sólo un ejemplo:

Precios de los mostos durante los años que a continuación se expresan:

En 1875	precio medio	del hectolitro		= 50	pesetas
» 1876	id.	id.	id.	= 52	id.
» 1877	id.	id.	id.	= 50	id.
» 1878	id.	id.	id.	= 43	id.
» 1879	id.	id.	id.	= 33	id.

Estos precios se refieren a los de albarizas; los de barros y arenas se han realizado a tipos mucho más bajos. De 1880 a 1883, el precio del mosto superior ha fluctuado entre 30 y 35 pesetas el hectolitro, lo que constituye, dadas las condiciones de aquel cultivo, una verdadera ruina para los cosecheros.

XV[2]

Llegamos a tratar, con motivo de las causas que contribuyen al malestar económico del término jerezano, un punto que en la fatal cuestión presente, la crisis social de Andalucía, tiene grave importancia. Nos referimos a la centralización administrativa y sus perniciosos efectos, según lo entienden y practican nuestros gobiernos. Nuestro objeto especial, al abordar hoy este asunto, es referirlo principalmente a los defectos que en la materia rentística tiene esa tiránica centralización, y en último término exponer brevemente la situación de Jerez en este respecto; pero es indispensable antes, decir acerca de la cuestión general algo que nos sirva de base. Y esto que digamos será uno de los puntos principales de nuestro trabajo en general, pues lo referiremos a la crisis económica de Andalucía entera, crisis que para ser bien comprendida ha de ser estudiada en esta relación.

Porque, en efecto, cuantas reformas se preparen, cuantos remedios se discurran, si han de ser aplicados necesitan previamente que se dilucide este punto; quién y cómo los ha de aplicar, si los pueblos interesados más

2. Bajo este título *Los vinos de Jerez* escribe un artículo rectificando y aclarando conceptos emitidos por nosotros, un señor X, persona sin duda inteligente en la materia. Con mucho gusto aceptaremos siempre advertencias de esta índole que vengan a ilustrar las cuestiones que en este desaliñado trabajo tengamos que tratar. Consideramos como parte de la obra emprendida todo lo que sirva para rectificar o ampliar lo que expongamos nosotros. Animamos, pues, al señor X a que nos ayude, y animamos a cuantos en lo sucesivo tengan fundamentos sólidos para hacernos observaciones análogas a las del señor X sobre cualquier materia que tratemos. Tengan todos presente que nuestro amor propio no va empeñado en este trabajo, pues aspiramos sólo a ser imparciales, y de esto estamos seguros, estándolo de nuestra intención, que es averiguar la verdad a toda costa.

directamente en estas graves cuestiones no han de hacer más que dejarse guiar por superior iniciativa; si las clases a quienes la crisis inmediatamente dañan no han de tener voz ni voto ni acción directa, entonces las reformas, sean las que fueren, corren el riesgo de ser ineficaces, y sobre todo, poco duraderas; remedio que a un pueblo le venga sin que él tenga conciencia de él, sin que a su propia virtud y fuerza deba, sino el descubrirlo, el aplicarlo, será un paliativo a lo sumo, no definitiva mejora. Pues bien, cualquiera que sea el criterio de los gobernantes en las relaciones de soberanía del pueblo y del Estado –llamado así por antonomasia– en el punto determinado de lo que bien o mal (no discutimos esto ahora) se denomina descentralización administrativa, sólo se puede admitir como salvadora la idea de procurar esta condición indispensable a todo pueblo civilizado. El argumento que con más frecuencia se emplea contra la descentralización administrativa, es el que se apoya en la ignorancia de las poblaciones rurales, de los habitantes de pueblos pequeños.

Se citan ejemplos sin cuento de errores y demasías cometidas por autoridades municipales; en Andalucía, más acaso que en región alguna, los municipios suelen estar entregados a personas, o poco capaces, o interesadas de manera poco conveniente a la utilidad pública, personas en quien se suele juntar la ignorancia a la poca aprensión y la falta de independencia, con arranques de autoridad despótica, respecto de los débiles.

Todo esto es cierto. Pero, ¿se remedian tales inconvenientes con anular la vida municipal, con quitarla toda iniciativa, espontaneidad e independencia? Es claro que el día en que la descentralización fuera un hecho, uno de los obstáculos que habría que vencer sería el de arrancar la representación municipal de tales manos, pero entonces sería, aunque difícil, posible el cumplimiento de tan beneficiosa empresa, mientras hoy ni se intenta siquiera, ni se podría intentar más que en balde. Brevemente diremos por qué. No se puede remediar un mal con el sistema que precisamente lo produce.

De la centralización nace esa insuficiencia de los municipios actuales, y con la centralización no puede curarse llaga tan peligrosa. ¿Por qué están los municipios andaluces, en las poblaciones rurales, y sólo por regla general, no en absoluto, en poder de personas que miran más por intereses suyos o de algún señor a quien sirven, que por el interés común? Precisamente porque el municipio de hoy se parece no poco a aquella curia romana de los tiempos decadentes en que no servía más tal institución en las provincias que para asegurar los tributos. Algo por el estilo sucede aquí. Los ayuntamientos los considera el Estado, y sobre todo los consideran los delegados del Gobierno, especialmente los de Hacienda, como factorías de la Administración central. Delegado de Hacienda hay a quien no inspira más respeto el humilde local de un ayuntamiento de aldea que una casilla del resguardo.

No piensa el Estado que los municipios, antes que vivir para la nación, aunque sin negar esta clase de vida, necesitan vivir para sí; que el patriotismo, los grandes intereses del reino y todas esas instituciones o ideas generales, valen mucho, a condición de que al municipio se le deje respirar, se le deje asegurar su existencia. Porque la nación es para los ciudadanos, no para una abstracción de derecho divino o humano, y los ciudadanos viven en algún municipio y las primeras y más apremiantes necesidades del orden político y administrativo que han de satisfacer, son las inmediatas, las que les tocan de cerca y son condición para todas las otras. Esto no lo entiende así el Gobierno, sino al revés, y sus delegados, pro-cónsules de levita, exageran ese panteísmo del Estado, por amor al sueldo singularmente, y resulta de todo ello que un país que constitucionalmente vive con toda la libertad que han discurrido los políticos que es indispensable, ese país, en su casa, en su pueblo, es esclavo, vive mal, trabaja para enriquecer a quien no conoce siquiera, y sus magistrados populares, sus alcaldes y concejales, en vez de procurar la prosperidad de quien los elige, tienen que convertirse en cónsules y pro-cónsules que explotan y arruinan al país para enriquecer al gran fantasma de la tiranía rentística que conserva el nombre de *fisco* para mayor parecido con los tiempos en la dominación romana.

En un país así, ¿cómo han de ir al ayuntamiento personas que quieran conservar su prestigio y ser independientes y procurar el bien del pueblo, de que son antes que de nadie? Apodéranse de la administración municipal los politiquillos, los que creen que el municipio es un congresillo dividido en blancos y negros, vencedores y vencidos, y arrojan todas las cargas sobre el enemigo, y ven un botín en la Hacienda municipal, la mitad del cual es para los de arriba, para los que mandan en nombre del Estado, y dan y quitan destinos y otras ventajas, y la otra mitad se la apropian con rodeos legales o sin ellos, como justo premio al ardor con que han sido partidarios de tal o cual cacique. No son éstas vanas declamaciones; es la triste historia de casi toda España.

Pues si consideramos que para toda reforma social y económica especialmente que se intente, el instrumento podrá ser cualquiera, pero el que lo haga funcionar ha de ser el elemento administrativo, la autoridad provincial y municipal, ¿no es evidente que todo cambio, que toda mejora, exige resolver previa o simultáneamente esta cuestión grave de la independencia y dignidad de la administración municipal? Insistiremos en este punto, considerándolo bajo otros aspectos, para venir a parar a la aplicación de tal materia, a la cuestión del momento para nosotros, la administración municipal en Jerez, la cual ofrece inconvenientes y defectos que son también parte muy importante en los males que venimos estudiando, y a cuyas causas, que como se va viendo, son muchas, queremos pasar rápida revista.

(*) El artículo anterior se publicó el 29 de abril y éste el 28 de junio. El tiempo transcurrido puede ser el causante del error de pasar del XV al XVII. Por ello, a pesar de ser XXI el número de artículo, el último lleva la numeración XXII. El periódico también publicaba este día una nota, explicando que por causas «ajenas a la voluntad del autor» interrumpió sus cartas que, de nuevo, reanuda. Al mismo tiempo alude al cambio de título: de *El hambre* se ha pasado a *La crisis.*

LA CRISIS DE ANDALUCÍA

XVII (*)

Examinábamos en el último artículo las relaciones de la vida municipal en Andalucía y especialmente su aspecto rentístico. Hablemos hoy, ya concretamente, de lo que sucede en Jerez, antes de dejar de examinar la crisis local de una comarca, a que tantos artículos se han dedicado en esta serie. Para ver cómo agobia a esa localidad, hoy tan estudiada, el sistema contributivo que prescinde de tener en cuenta la vida municipal, recogeré algunos datos que me merecen crédito. Sacando, en cifras redondas, el término medio del último quinquenio, puede decirse que paga Jerez:

	Rs. Vn.
Por inmuebles, cultivo y ganadería	6.750.000
Por subsidio industrial y de comercio	1.320.000
Por consumos, recargos y arbitrios	6.126.000
Por impuestos establecidos por el municipio	2.054.000
Por rentas y derechos de la Hacienda	7.500.000
Total	Rs. Vn. 23.750.000

Puede calcularse, por la excesiva prudencia de estos cálculos, en 24 millones de reales el cupo contributivo de Jerez. Cuenta este municipio unas sesenta mil almas; suponiendo que el gasto anual con que atienden a sus necesidades es aproximadamente el representado por esta cantidad, 60 millones de reales, resulta que el impuesto asciende al 40 por 100 de los gastos de Jerez.

Fijándonos ahora en lo que importa más a lo que especialmente se trata, debemos notar que sólo los derechos de consumos representan más del 10 por 100, porque el encabezamiento forzosamente impuesto por la Hacienda es de 2.624.000 rs; los recargos para el ayuntamiento son de 1.836.000 y los arbitrios sobre especies incluidas en tarifa y sobre las no incluidas (pues allí todo paga, útil o no, hasta el más ruin producto del terreno, la paja, la hierba, etc.) ascienden a 1.666.400 rs. En total, 6.126.400 rs.

De aquí se deduce que el proletario es en Jerez el que debe ser gran contribuyente. Si no paga será porque no come. Y aun esto no lo tiene en cuenta el Fisco. Él necesita cobrar, haya o no consumo. La cuenta ha de satisfacerla el municipio, y es indispensable cubrir el déficit. Para esto están lo repartimientos. Al bracero no se le incluye en ellos, es verdad, pero sí al que tiene la renta más insignificante, al industrial que apenas obtiene el beneficio suficiente para no abandonar la industria humilde que le sustenta. Y aquí entra el absurdo. En estos repartos el criterio es tomar, como uno de los elementos que suministran la proporción de la cuota, el número de personas que el cabeza de familia está obligado a mantener.

El sarcasmo que hay en semejante lógica es terrible. Si resucitasen aquellos romanos que orgullosos se apellidaban proletarios, porque su principal oficio era engendrar la prole, por lo que gozaban de grandes privilegios, no podrían menos de considerar que eran bárbaras y más que bárbaras las tierras en que la prole se consideraba sólo como materia imponible. Cuántos absurdos económicos encierra el criterio de esos repartos, no es necesario indicarlo siquiera. ¿Y qué pueden los pueblos contra disparates que tantos daños producen? Nada absolutamente.

La máquina de la Administración pública está montada de tal suerte, que las ruedas pequeñas de la gran fábrica del Estado quedan reducidas a polvo sin que el director de la sabia distribución mecánica pueda, quiera ni sepa remediarlo.

En el cuerpo vivo de la nación sufren los miembros dolores... y no hay siquiera el consuelo de poder aplicar la mano a la parte dolorida. Entre los derechos individuales nadie se ha acordado de colocar, con todas las consagraciones que son del caso, el que tienen los ciudadanos pobres a que no se considere su miseria como materia propia para hacer la tributación. Esos repartos, que nadie se cuida de hacer imposibles, son una verdadera contribución sobre el hambre. Es demasiado metafísico un Estado que echa tributos no sobre lo que se come, sino sobre lo que se debía comer en buena lógica... y con posibles.

Admirábase hace tiempo cierto corresponsal de un periódico, de que a los Sres. González Byass se les hiciese pagar una fuerte suma por el vino que prodigaban generosamente a sus arrumbadores y demás operarios de las bodegas. Pues, ¿qué diría si viese que por un vino que no beben, pagan miserables familias lo que necesitan para comer un poco de pan, y que pagan también por un reparto de sal, cuotas que bastarían para adquirir de tal artículo cantidades que no consumiría en diez años una familia numerosa?

Y si el ayuntamiento, por nobleza de entrañas, por amor patrio, se ablanda o se ablandase –que yo no digo que se ablande– para que el *derecho estricto* se cumpla, sirven los delegados de Hacienda, una especie de pretores, cuyo concepto de la autonomía económica es tan deficiente, que piensan que están en las colonias esquilmándolas en beneficio de una ilusoria metrópoli.

Y después de tantos sacrificios, ¿cuál es la situación económica de los municipios? Veremos en el próximo artículo lo que sucede en Jerez. Los apuros, creando conflictos de muchas clases, nos harán ver cuánto influye en toda la cuestión social este capital aspecto de la vida municipal económica.

XVIII

La situación rentística del Ayuntamiento de Jerez, a pesar de tantos sacrificios como quedan señalados, es más que angustiosa, y no es preciso insistir en el grave inconveniente que de aquí nace para los remedios que se quieren arbitrar, a fin de hacer menos penosa la crisis económica y social de aquella comarca. El presupuesto municipal en Jerez es de 8.640.000 reales, por ellos debe entregar a la Hacienda 2.624.000 reales y por contingente provincial 1.516.000. Quedan por consiguiente para el municipio 4.500.000 que deben invertir en las atenciones de policía urbana y rural, instrucción, beneficencia, etc., etc.

Los ingresos por rentas propias ascienden apenas a un millón de reales, lo demás hay que cubrirlo con los recargos, arbitrios e impuestos establecidos. Y como a pesar de esto y de los repartos, hace tiempo que vienen quedando obligaciones por satisfacer y contrayéndose deudas de cuantía, el déficit que hoy resulta por ejercicios cerrados es próximamente de 5.000.000 de reales. Para saltar los primeros compromisos y atender a ciertas obras de gran necesidad, se levantó un empréstito que había de producir 8.000.000 de reales. Pero a la hora que estos datos se nos facilitan, la operación no había podido realizarse.

A estas consecuencias, desastrosas materialmente, tiende el sistema actual de la Administración. Pero además de los males de carácter económico que dejo indicados, hay otros no menos dignos de consideración. Reducidos los ayuntamientos a escrupulosos y crueles recaudadores del poder central, el cargo concejil, en vez de significar la protección de los ciudadanos, al amparo de los intereses locales, viene a ser emblema de todo lo contrario, y este que debía ser honroso servicio, se convierte en objeto de antipatía, de descrédito. En Jerez se ha formado el vacío en redor de personas que cayeron en la tentación de admitir la carga concejil, y que antes eran queridas y respetadas por todo el pueblo. Los mayores prestigios se gastaron así en poco tiempo.

Por este camino se va a la mayor corrupción, porque llegará a ser alcalde solamente el que no tenga fama que perder, el que vaya en busca del provecho propio, sin temor al descrédito. ¿Y es esto de poca importancia? ¿Que la magistratura popular, la del interés inmediato y directo de la vida social y política, no pueda estar en poder de personas dignas de ella? ¿Qué reforma útil podrá plantearse, qué problema delicado con agentes necesariamente ineptos y muchas veces sospechosos de inmoralidad?

Pero los gobernantes no hacen caso de todas estas *declamaciones*. No creen en tanta miseria moral y material. Hace poco tiempo, como un contribuyente de Jerez se quejara ante un ministro de la desgraciada situación de aquella comarca, el ministro le contestó que no debía ser tan aflictiva, siendo exigua la cantidad de fincas embargadas por falta de pago al Estado, mientras era enorme su número en otras partes.

Argumento cruel y baladí, por cierto, si en efecto lo empleó el ministro, según se cuenta. Lo que el ministro decía se explica de una manera bien triste. Como en cartas anteriores indiqué, los labradores de Jerez se ven no pocos días obligados a abandonar en manos de los acreedores sus tierras: al caso que recordaba de un antiguo propietario opulento enterrado de limosnas, podrían agregarse otros muchos. No ha muchos meses murió en la mayor miseria D. José Calvo de la Vega que pasaba, hace siete años, por uno de los más ricos labradores de aquellos contornos. Otros muchos propietarios arruinados pudieran citarse; pero viven, y no debo traer a la lista sus respetables nombres. Ninguno de estos, sin embargo, fue acaso deudor de la Hacienda pública, y si alguno llegó a serlo y sufrir los procedimientos ejecutivos, tendrían que declararlo fallido.

El cultivador que al mismo tiempo tiene alguna propiedad territorial, en el día de apuros, que ahora llega pronto, comienza por hipotecar sus tierras, continúa por pignorar sus cosechas y por vender sus ganados; cuando, por fin, víctima de la usura y del Fisco, más que de las malas cosechas, ve desaparecer hasta los últimos restos de su fortuna, no tiene por lo regular en la lista de sus acreedores al Estado, que ha sido religiosamente satisfecho por las liquidaciones de su capital.

Me he detenido mucho tiempo hablando de la situación de Jerez, por ser aquella comarca como cifra y emblema de la situación aflictiva de gran parte de Andalucía; pero ya es hora de pasar a otras regiones, donde, si no tantos males y de tantos géneros, veremos también no poco que lamentar y que corregir.

XIX

Una prueba de que los males que sufre la región de España de que se trata no tienen su única causa en el espíritu socialista, en las predicaciones de los agentes revolucionarios, puede verse en que provincias como la de Córdoba han padecido y padecen no poco, y allí las agitaciones de la población obrera han sido muy pocas, puede decirse que no las ha habido.

Mientras en Sevilla y Jerez hemos visto organización socialista, una propaganda seria, hasta una cierta opinión favorable a las reformas radicales en las clases jornaleras, en Córdoba nada de esto puede encontrarse. Otros vicios hay en las costumbres de aquellos trabajadores, otros errores muy graves en la vida económica de capitalistas y obreros; pero el socialismo allí no ha cundido, y no puede señalarse como un peligro actual y efectivo.

No habrá faltado propaganda, ciertamente, pero todos los que conocen el país están contestes en declarar que el carácter de aquel pueblo es refractario a esta fácil admisión de ideas nuevas y atrevidas. Es el pueblo cordobés prudente, desconfiado; no se paga de palabras, y no por un amor a los ricos, que sería platónico, sino porque no cree en las mejoras que le presenten, se abstiene de buscar por los medios revolucionarios, por la organización de sociedades, el remedio de su miseria.

En los momentos de apuro por que Córdoba, como la mayor parte de Andalucía, pasó no ha mucho, se notó en la clase obrera lo mismo que hemos visto y veremos en toda Andalucía; la falta de energía en la iniciativa individual para contrarrestar las calamidades que se vinieran encima del pobre pueblo. Por una parte, horror a la emigración; preferíase el hambre a buscar el trabajo lejos del hogar. No bastaba que el Gobierno facilitase el viaje haciéndolo gratuito; la emigración fue tan escasa, que no pudo considerarse como un gran alivio.

Según cálculo que merece crédito por su procedencia, el número de jornaleros, excluyendo las mujeres y los niños, que se consagran en Córdoba a las faenas agrícolas, asciende a 59.300.

Compárese este número con el de las emigraciones que resultan de los siguientes datos, facilitados por quien podía darlos seguro.

Emigración de braceros que salieron de la provincia en busca de trabajo desde el 19 de agosto al 22 de diciembre de 1882 (satisfecho por el Estado el importe del viaje):

Procedencia	Emigrantes
Montoro	128
Aguilar	37
Montilla	15
Villa del Río	20
Carpio	32
Total	232

Teniendo en cuenta que la época a que estos datos se refieren fue la de mayor escasez, la del verdadero pánico del hambre, se comprende cuán grande es la resistencia de los habitantes de este país a la emigración. No todo es falta de valor para sufrir las contingencias de la emigración: en este espíritu refractario a ella, hay que considerar también que muchos de los jornaleros tienen familia que sustentar, y que lejos de su casa no pueden atender a las necesidades de este orden. Pero a esto se replica que si la miseria era tan grande como se decía, era preferible emigrar y mandar desde lejos lo que bastase para que no careciesen de pan hijos y esposas, que de otra suerte perecerían. Difícil es la cuestión, y no cabe resolverla en general: la pasión sí las resuelve, unas veces culpando a la apatía, a la flojedad del espíritu andaluz, otras veces culpando a la clase obrera mal acostumbrada, otras veces exagerando los inconvenientes de la emigración y esclavizando por completo a los jornaleros.

Lo que es indudable que, según otras veces he indicado en estas cartas, el trabajador en Córdoba (y en otras muchas partes), prefiere ganar muy poco en su casa, y prefiere trabajar sin vigilancia escrupulosa, aunque sea a costa del jornal. En efecto, se ha notado que todos los necesitados iban a buscar trabajo a las obras públicas, dejando muchas veces un jornal mayor ofrecido por los particulares. También es cierto que en la época calamitosa a que vengo refiriéndome, la mala situación económica extendía a todas las clases sus efectos, y no abundaban los trabajos de empresa particular que pudieran ocupar a muchos obreros.

Pero, de todas maneras, la tendencia general era y es acudir a las obras públicas, buscar en el ayuntamiento o con los ingenieros del Estado un trabajo peor retribuido, pero las más veces menos fuerte y constante que el que pudieran ofrecer los particulares. Este ha sido el recurso general, a veces indispensable, por lo apurado de la situación, pero no siempre recomendable ni mucho menos; porque ni un pueblo mejora sus costumbres con un trabajo que es compatible con la apatía; que no tiene las condiciones económicas necesarias, ni el Estado puede obligarse a esta imposición práctica del derecho al trabajo, perdiendo la riqueza de todos en obras inútiles o mal administradas.

XX

La provincia de Córdoba, como la mayor parte de Andalucía, vive principalmente de la agricultura. La situación de la propiedad territorial y los sistemas de cultivo determinan la vida económica y explican la crisis por que este país atraviesa, si no por completo, en lo esencial de ella.

Antes de ver los vicios de que adolecen, la distribución del territorio y la manera ordinaria del cultivo, conviene hacer algunas observaciones generales acerca de la distribución natural de la población y la industria.

En la provincia de Córdoba la gran masa de población se encuentra en la zona meridional llamada «Campiña», separada de la septentrional o sea la «Sierra», por el Guadalquivir, que la cruza de Levante a Poniente.

En tanto que en la «Campiña» bastan para constituir un partido judicial tres, dos y hasta un sólo pueblo, como sucede en Montilla, contándose en total 14 partidos (comprendido el de Montoro), en la «Sierra» se necesitan ocho y hasta 10 pueblos para formar uno de los tres partidos judiciales de que consta. En la «Sierra» está mucho más dividida la propiedad y es menor, con mucho, el número de jornaleros. La «Sierra» la componen los partidos judiciales de Pozoblanco, Hinojosa, Fuente Ovejuna; pero también entra en esta región parte de Montoro, Córdoba y Posadas.

La parte meridional o «Campiña» la constituyen los partidos de Aguilar, Baena, Bujalance, Cabra, Castro del Río, Lucena, Montilla, Priego, Rambla, Rute y parte de Montoro, Córdoba y Posadas. La extensión total de la provincia es de 1.380.000 hectáreas; de éstas se consagran al cultivo 618.300; 681.300 a montes y pastos y 80.690 son de erial, sin aprovechamiento. Según la diferente topografía están diseminadas las distintas industrias, cuyos dos grandes ramos de cultivo de cereales y caldos y de explotación de la ganadería, se dividen desigualmente. El ganado de cerda y lanar abunda en la «Sierra» y el caballar y el vacuno en la «Campiña». El cultivo de cereales ocupa 403.460 hectáreas, el del olivo 191.045, el de la vid 18.714 y el de regadío 5.103.

Los montes y pastos disminuyen de una manera sensible todos los años, por el prurito de roturar y poner en cultivo los terrenos montuosos y adehesados, con el propósito de obtener mayor producto, pero sin conseguirlo casi nunca, por las causas que se irán indicando.

Se observa en casi toda Andalucía –ya lo veremos también al hablar de Sevilla–, una tendencia general en los terratenientes a adquirir más y más terreno, sin atender a la proporción que debe existir entre el capital necesario para procurarse los medios de un cultivo en buenas condiciones y la cantidad de tierra adquirida.

¿De qué sirve a un propietario comprar más y más heredades o consagrar al cultivo lo que antes estaba destinado a montes o pastos, si su capital no basta para trabajar todas las tierras que quiera beneficiar y ponerlas en las condiciones propias para hacerlas más productivas?

Lo que consigue el labrador, y en general todo propietario que se deja hacer esclavo de tan mal entendida codicia, es disminuir su riqueza, y lo que es aún más triste, la del país todo. Porque como no tiene los medios necesarios para cultivar en condiciones de buena producción tanta tierra, una de dos, o por no empeñarse cultiva sólo lo que buenamente puede, procurando concentrar en determinada porción todo su esfuerzo, y entonces lo no cultivado es un capital muerto, que ha costado grandes sacrificios adquirir y no se explota, no tiene renta; o bien cultiva por igual toda su tierra, y entonces toda ella, por falta de cultivo suficiente da menos de lo que debe, y en tal caso, todo el capital se resiente de dar una renta inferior a la natural, o en el segundo supuesto, busca el propietario a toda costa capital para emplearlo en la explotación beneficiosa de cuanto posee.

En esta situación, que es muy general, todavía el error económico es mayor, porque no existiendo el crédito agrícola en las condiciones que serían necesarias para hacerle ser ayuda de la industria respectiva, el único medio de que se adelanten capitales al agricultor es el de la usura antieconómica, en la forma sórdida que se usa donde quiera que el crédito no está desarrollado en instituciones bien organizadas y de normal movimiento. La usura es, en efecto, la mayor plaga de la agricultura andaluza. El usurero es el ratón del campo, que se come las raíces de toda planta; más terrenos deja secos el usurero que las sequías. La codicia hace al propietario o labrador arrendatario cultivar grandes porciones de terreno, recurrir al anticipo de la usura y no ver que los intereses enormes que se le exigen no pueden ser compensados por las rentas del capital-tierra que es inferior, por ley natural en nuestras sociedades, al interés de toda otra industria, cuanto más al extraordinario interés de la usura sórdida, nacida del privilegio de la necesidad y el atraso de la vida económica.

XXI

Decía en el artículo anterior que los errores del terrateniente no sólo hacían daño a sus intereses, por las razones indicadas, sino que venían a ser la ruina del país entero. Nada más exacto, y basta indicar la causa de ello, porque es obvia. El propietario de la tierra debe pensar siempre que tiene una gran responsabilidad en su cultivo, pues al fin, como no hay más tierra productiva que la que se cultiva bajo el régimen social de propiedad individual; como no hay más alimentos que los que salen de esa tierra, todas las clases, todos los hombres que no son propietarios del terreno están interesados en que los que tienen esa clase de propiedad hagan que se cultive en buenas condiciones. Hay en esto hasta un derecho de la sociedad en masa. Esa propiedad de dominio absoluto, ese señorío a la romana que hoy consagran las leyes, y que los individualistas exagerados llevan a las regiones de lo abstracto, al pronto necesitaría ciertos límites en el uso de ella si llegase a peligrar la existencia de todos, por culpa de los que tienen el dominio de la tierra.

Esto que en toda la sociedad no hay miedo que ocurra, puede suceder en regiones determinadas y hasta cierto punto sucede en el país de que tratamos.

A nadie se puede obligar a que cultive sólo aquella porción de tierra para que baste su capital actual; no se puede impedir que el que tenga con qué, adquiera grandes terrenos, y reparta entre todas la heredades que tiene el cultivo, aun sacando menos de ellas de lo que podría, si empleara más capital; tampoco se puede impedir que el propietario cultive unas y abandone otras; suyas son; tampoco cabe negarle la facultad de acudir a la usura y perder y arruinarse, gastando en intereses tres y cuatro o seis veces más que lo que importa la renta de la tierra, por la cual se sacrifica. Todo esto es cierto. Pero tampoco es justo que un país se encuentre sin poder sustentarse porque la tierra no se cultive o se cultive mal; no puede ser normal ni legítima en último caso una situación económica en que el terreno de un país no da lo necesario para sustentar a los habitantes por errores y vicios del cultivo, por parte de los propietarios.

En general, es claro que todos los habitantes padecen con que la tierra quede inculta, o se empobrezca, o no rinda lo que puede; pero además de que esta escasez de productos afecta a todas, especialmente se ven castigadas las clases pobres, los jornaleros que viviendo del trabajo del campo no pueden ganar ni siquiera ese pequeño jornal, necesario para el pan de cada día, porque los propietarios o arrendatarios no pueden pagárselo, no disponen del capital necesario para ello. Resulta que habiendo tierras cultivables y brazos que las cultiven, sin embargo por estas combinaciones que hemos indicado del error y de las leyes, se quedan incultas las tierras, los brazos en huelga y el hambre cunde por todos lados; falta que comer, faltan los productos y faltan los jornales con que podrían pagarse los que vinieran de fuera, por lo poco y caro que se pudiera sacar a la tierra, pobre por falta de cultivo.

Añádase a este cuadro las tintas negras, muy negras, pero no inverosímiles, de una contrariedad meteorológica, los efectos de una sequía –tampoco exentos de toda relación con los errores apuntados–, y se tendrá la historia de gran parte de Andalucía en esas épocas terribles como la que acaba de pasar y sirve de motivo a estos artículos.

Concretándonos ahora ya a Córdoba, se ve, según apuntaba en otro artículo, que allí uno de los ramos de la riqueza más importante, la ganadería, famosa en otro tiempo, decae de manera lastimosa, y débese en gran parte a ese afán que vengo combatiendo de convertir en tierra de cultivo todo terreno, y no para cultivarlo en condiciones de sacar mayor beneficio, sino de creerse pobre, por extremo deficiente, y causar así dos males, la ruina de la ganadería y la ruina del cultivo. Más vale cultivar poco y bien que mucho y mal, porque de esta suerte ninguna porción de la tierra da la renta natural, sino menos, y además se arruina la industria de la ganadería, que se encuentra sin la forma de terreno que necesita para prosperar: el pasto y los montes.

Ayudan a este lamentable error que censuro, privilegios que con el objeto de fomentar la agricultura, vienen a causar grandes perjuicios, porque son generales, y no debieran serlo. Y aquí nos sale al paso otra vez la centralización. Legislar y reglamentar desde un centro administrativo sobre materias técnicas y de infinita variedad, lleva necesariamente a una abstracción siempre nociva, pero más que en todo caso, cuando se trata de dar a los pueblos el régimen jurídico y económico que les conviene. La ley de 3 de junio de 1862, en su articulo 10, que trata de la población rural, exime por cierto número de años de la contribución correspondiente al que consagre meramente una porción de terreno a la plantación de olivos o viñas; pues bien, en Córdoba ha habido innumerables expedientes en demanda de este privilegio, en los que se trataba de pequeñas, muy pequeñas roturaciones, a veces de una sola hectárea.

Esta nueva forma de la codicia vale gastos sin cuento a la ganadería cordobesa, esa fuente de riqueza que fue algún tiempo orgullo de tan hermosa provincia. Y ya que trato de esta importante industria, indicaré otras de las concausas de su decadencia, según personas muy entendidas en la materia aseguran. Existen dificultades del tránsito por algunas servidumbres pecuarias y esto crea grandes obstáculos a la libre traslación de los ganados de unas dehesas a otras, entorpeciendo a la vez su comercio y exportación. Una real orden de febrero de 1871 mandaba hacer un deslinde de las servidumbres pecuarias pero se quedó en proyecto.

Por estas y otras causas, la ganadería es una industria que en la provincia de Córdoba decae de manera alarmante, como lo prueba gráficamente el siguiente cuadro comparativo:

Clase de ganado	Año de 1865	Año de 1881	Diferencia
Caballar	28.367	8.858	19.509
Mular	26.819	9.948	16.871
Asnal	37.005	17.628	19.377
Vacuno	52.272	37.265	15.007
Lanar	401.228	235.588	165.640
Cabrío	119.545	63.433	56.112
Cerda	198.403	67.841	130.562
Total	863.639	440.561	423.078

XXII

La misma decadencia que en la ganadería se nota en el cultivo, si no en cantidad igual, sí con la misma triste progresión, y reconociendo por causas errores análogos, unos de la Administración, otros de los pueblos, interesados en variar, en reformar, pero empeñados en no ver lo que depende de su iniciativa en el mal que padecen.

Para poder acusar con justicia y con la energía que nace de la convicción a los gobiernos y a los poderes todos que faltan a su misión principal, es preciso antes reconocer los errores que nacen en los mismos pueblos y son culpa principalmente suya.

Y digo principalmente, porque los gobiernos aún tienen cierta responsabilidad en los males que nacen de la ignorancia de los ciudadanos, pues uno de los primeros deberes es procurar que desaparezcan. Dejando ya estas consideraciones, vuelvo a mi asunto especial: la agricultura en su relación económica, según en Córdoba. Y cuenta que lo que se dice de Córdoba se puede aplicar a la mayor parte de Andalucía, en este punto especialmente a las provincias de Sevilla y Cádiz, donde veremos, rápidamente, iguales errores, iguales resultados, tratándolo entonces muy de paso, para evitar repeticiones.

Los principales productos que se cogen en la provincia de Córdoba son el trigo, la cebada, la habas, los garbanzos, la escaña, los arvejones, el aceite y el vino.

Las 403.460 hectáreas destinadas al cultivo cereal corresponden:

Labor al tercio	312.706
Labor de ruedos	31.909
Labor de año y vez	58.845

De las 312.706 que corresponden a la labor al tercio, se dedican al trigo un 85 por 100 del tercio, y a la cebada un 24 por 100. De barbecho un 88 por 100, y otro 88 por 100 al rastrojo.

Antiguamente los grandes propietarios cultivaban por sí mismos sus haciendas, pero esta costumbre ha desaparecido por completo. Los cortijos o tierras de pan llevar se labran por colonia o arrendamiento, especialmente en la campiña y la ribera. En la Sierra la propiedad está más subdividida, y algunos propietarios cultivan por sí mismos sus haciendas.

El olivar y el viñedo, por lo general, lo explota el mismo dueño.

A los inconvenientes que nacen de la gran propiedad (que aun sus mayores partidarios han de reconocerlos algunos), hay que añadir este abandono de toda inspección directa e inmediata; y a esto hay que añadir todavía, lo que daña más que nada, el cultivo llamado de labor al tercio, que responde a la desproporción entre las tierras cultivadas y el capital de explotación disponible, grave mal de que ya hablamos días pasados.

De todas partes, el cultivo al tercio tiene grandes inconvenientes, sea cualquiera su motivo. Ya se sabe que consiste en el barbecho a tres hojas que tornan entre sí en rotación de tres años. Este es el sistema de cultivo extensivo que llaman andro-físico, porque en él el trabajo se ayuda con la fuerza espontánea de la naturaleza, como laboratorio general que repara las fuerzas gastadas. Pero tal sistema es un lujo de la pobreza que no se pueden permitir estos países.

El propietario de los grandes predios, como lo son casi todos, impone esta condición del cultivo al tercio, porque teme que con el constante que produce la tierra se le esterilice; pero a esto se contesta por los inteligentes agricultores de aquella tierra, que mejor sería imponer por condición el empleo de buenos abonos, base del mejoramiento de los terrenos, que subdividir los de mucha extensión, y de ese modo las labores serían tres veces mayores y tres veces más las operaciones del campo, donde el jornalero hallaría quien solicitase su trabajo.

Los que sostienen esta razonable opinión, añaden que no es óbice la necesidad de criar ganados puesto que no faltarían en la subdivisión indicada rastrojeras de verano, ni paja y grano en el invierno.

Los colonos no se convencen de esta mejora en razón a que, siguiendo las labores por tercios, no les cuesta cuidado alguno alimentar sus animales en aquellas dos terceras partes que no se siembran, sin prever que en los malos años, como el pasado, toda su ganadería está expuesta a morir de hambre, como en muchas partes ha sucedido. Es necesario fiar mucho más al trabajo y al capital que a los azares de la naturaleza.

AZORÍN

LA ANDALUCÍA TRÁGICA

La Andalucía trágica, de José Martínez Ruiz *Azorín* (1873-1967), es el título genérico de cinco artículos publicados en el periódico *El Imparcial*, los días 3, 5, 7, 17 y 24 de abril de 1905. Por esas fechas ya había aparecido su obra *Los pueblos (Ensayo sobre la vida provinciana)*, también como tantos otros libros suyos, una recopilación de artículos. Pero en una reedición posterior de este mismo título, en 1914, en la editorial Renacimiento, incorporó al final *La Andalucía trágica*. Desde entonces se sucedieron ediciones en los años 1919, 1927, 1935, 1940, 1943 y 1949. Para la presente edición se ha tenido en cuenta la anotada por José María Valverde: *Los pueblos, La Andalucía trágica y otros artículos (1904-1905)*, Castalia, Madrid, 1974.

I

EN SEVILLA

¿No os habéis despertado una mañana, al romper el día, después de una noche de tren, cansados, enervados, aún los ojos del austero paisaje de la Mancha, frente a este pueblo que un mozo de estación con voz lenta, plañidera, melódica, acaba de llamar Lora del Río? Asomaos a la ventanilla del coche; tended vuestras miradas por la campiña; el paisaje es suave, claro, plácido, confortador, de una dulzura imponderable. Ya no estamos en las estepas yermas, grises, bermejas, gualdas del interior de España; ya el cielo no se extiende sobre nosotros uniforme, de un añil intenso, desesperante; ya las lejanías no irradian inaccesibles, abrumadoras. Son las primeras horas del día; una luz sutil, opaca, cae sobre el campo; el horizonte de un color violeta nacarado; cierra la vista una neblina tenue. Y sobre este fondo difuso, dulce, sedante, destacan las casas blancas del poblado y se perfila pina, gallarda, aérea, la torre de una iglesia, y emergen, acá y allá, solitarias, unas ramas curvadas, unas palmeras. ¿Qué hay en este paisaje que os invita a soñar un momento y trae a vuestro espíritu un encanto y una sugestión honda? ¿Es el pueblo que se columbra a lo lejos bañado por esta luz difusa de la mañana? ¿Son las paredes blancas que irradian iluminadas por el sol que ahora nace? ¿Es este hálito profundo de sosiego que en este punto respiramos? Pero la voz plañidera de antes ha vuelto a resonar en los andenes;

el tren torna a ponerse en marcha; poco a poco va perdiéndose, esfumándose a lo lejos el pueblo; apenas si las fachadas diminutas refulgen blanquecinas. Y vemos extensas praderías verdes, caminos que se alejan serpenteando en amplios recodos, cuadros de olivos cenicientos, tablares de habas, piezas de sembradura amarillenta. Y en el fondo, limitando el paisaje, haciendo resaltar toda la gama de los verdes, desde el oscuro hasta el presado, un amplio telón de un azul sombrío, grisáceo, plomizo, negruzco, se levanta. Y ante él van pasando y perfilándose durante unos momentos los cortijos blancos, los pueblecillos con sus torres sutiles, las ringleras de álamos apartados, los anchurosos rodales de alcacel tierno. El tren corre vertiginoso. Ahora aparece un pedazo de río que hace un corvo y hondo meandro, bordeado de arbustos que se inclinan sobre sus aguas; ahora surge un huertecillo con una vieja añora, rodeado de frutales en flor; ahora unos inmensos trigos aparecen y desaparecen rápidamente, cuajados de florecillas rojas, de florecillas gualdas, de florecillas azules. El tren corre, corre veloz. Nuestras miradas descubren otro pueblo: es Cantillana. Abajo, en primer término, paralela a la vía, corre una línea de piteras grisáceas; más arriba destaca una línea de álamos; por entre los claros del ramaje asoman las casas blancas del poblado; más lejos aún, por lo alto del caserío, la serranía adusta, hosca, pone su fondo zarco. Y en sus laderas, rompiendo a trechos la austeridad del azul negro, aparecen cuadrilongos manchones de un verde claro.

Ya la mañana ha ido avanzando. El cielo, pálido, suave, se muestra rasgado en la lejanía por largas y paralelas fajas blancas. Ya nos acercamos al término del viaje; torna a aparecer en lontananza otro poblado por entre los espacios de ramaje: es Brenes. Luego vemos de nuevo el río en otra sinuosidad callada, con sus aguas terrosas; después volvemos a contemplar otro camino que se pierde allá en los montes; más tarde viene por centésima vez otro ancho prado, llano, aterciopelado, por el que los otros caminan lentos y levantan un instante sus cabezas al paso del convoy...

El tren sigue corriendo. Allá en la línea del horizonte, imperceptible, velada ante la bruma, aparece la silueta de una torre. Nos detenemos de pronto ante una estación rumorosa. ¿No veis aquí ya, en los andenes, yendo y viniendo, los tipos castizos, pintorescos, de la tierra sevillana? ¿No observáis ya estos gestos, estos ademanes, estos movimientos tan peculiares, tan privativos de estos hombres? ¿No archiváis para vuestros recuerdos esta manera de comenzar a andar, lentamente, mirando de cuando en cuando las puntas de los pies? ¿Y este modo, cuando se camina de prisa, de zarandear los brazos, tendidos a lo largo del cuerpo, rítmicamente, sin chabacanismos, con elegancia? ¿Y esta suerte de permanecer arrimados a una pared o a un árbol, con cierto aire de resignación suprema y mundana? ¿Y el desgaire y gallardía con que un labriego o un obrero llevan la chaquetilla al hombro? ¿Y esta mirada, esta mirada de una profunda y súbita comprensión, que se os lanza y que os coge desde los pies a la cabeza? ¿Y este encorvamiento de espaldas y de hombros que se hace después de haber apurado una copa? La gente va, viene, grita, gesticula a lo largo de los andenes: «¡Manué! ¡Rafaé! ¡Migué!», dicen las voces; retumban los golpazos de las portezuelas; silba la locomotora; el tren se pone en marcha. Y entonces la distante silueta de la torre gallarda va rápidamente destacándose con más fuerza, creciendo, surgiendo limpia, esbelta, por encima de una espesa arboleda, entre unos cipreses negros, sobre el fondo de un delicado, maravilloso cielo violeta. Y ya comienzan a desfilar los almacenes, las fábricas, los talleres que rodean a las grandes ciudades. Estamos en Sevilla. El tren acaba de detenerse. Cuando salís de la estación, un tropel de mozos, de intérpretes, de maleteros, os coge el equipaje; un turbión de nombres de hoteles entra en vuestros oídos. Mas vosotros sabéis que estos hoteles son iguales en todas las latitudes; vosotros tenéis ansia de conocer cuanto antes, en tal cual viejo mesón, en éste o en el otro castizo parador, a todas estas sevillanas, a las cuales el poeta Musset quería dar unas terribles serenatas «que hiciesen rabiar a todos los alcaldes, desde Tolosa al Guadalete»:

A faire damner les alcaldes
de Tolose au Guadeleté.

Y estos empecatados mozos y caleseros no os entienden; tal vez se han acabado ya los mesones y paradores clásicos en Sevilla. Y así, os conducen rápidos, frívolos, a una fonda que tiene un blanco y limpio patio en el centro, y en que hay unas mecedoras y un piano. Esto os place, sin duda; mas vosotros no tardáis en dejar este patio, estas mecedoras y este piano y en saltar sobre el primer tranvía que pasa por la puerta. Las calles son estrechas, empedradas, limpias, sonoras; parece que hay en ellas una ráfaga de alegría, de voluptuosidad, de vida desenvuelta e intensa. Veis los patios nítidos y callados de las casas a través de cancelas y vidrieras; en las fachadas de vetustos caserones destaca la simbólica madeja; pasan raudas, rítmicas, las sevillanas con flores rojas o amarillas en la cabeza; leéis en los esquinazos de torcidas callejas estos nombres tan nobles, tan sonoros de Mañara, de Andueza, de Rodríguez Zapata; en los balcones cuelgan ringlas de macetas, por las que desborda un raudal de verdura. El tranvía corta vías angostas, cruza plazas, corre a lo largo de anchas avenidas con árboles.

–¿Y Salú? –le grita al cobrador una mujer desde la acera.

El cobrador es un sevillano menudito, airoso, que lleva colgada sobre el hombro la bolsa con una elegancia principesca.

–¡Hoy tá mehó! –contesta a la pregunta con una voz sonora.

Hemos pasado junto a la catedral; atrás queda la cuadrada y gentil Giralda; cruzamos frente la puerta de San Bernardo; a dos pasos de aquí se columbra el matadero. ¿No son estos mozos que platican en estos corros los célebres y terribles jiferos sevillanos de que nos habla Cervantes en *Los perros de Maudes*?

Y después, por las afueras de la ciudad bordeamos las viejas, dentelleadas murallas y tornamos a internarnos en las callejas serpenteantes; los vendedores lanzan sus salmodias interminables y melancólicas; en un mercado un viejo hace subir y bajar por largas cañas unas figurillas de cartón. ¿No veis en este hombre un filósofo auténtico? ¿No os agradaría tener una amena conversación con este sevillano?

Mas todavía existen otros seres más filosóficos en Sevilla; pensad en estos barberos enciclopédicos que vemos al pasar frente a sus barberías; pensad también en estos increíbles pajareros que hacen maravillas estupendas con sus pájaros, de todos tamaños y colores. ¿No hay en el ambiente de esta ciudad algo como un sentido de la vida absurdo, loco, jovial, irónico y ligero? ¿No es esta misma ligereza, rítmica y enérgica a la par, una modalidad de una elegancia insuperable? Las ideas se suceden rápidamente; la vida se desliza en pleno sol; todas las casas están abiertas; todos los balcones se hallan de par en par; gorjean los canarios; tocan los organillos; los mozos marcan sobre las aceras cadenciosos pases de vals; se camina arriba y abajo por las callejas; se grita con largas voces melodiosas; los músculos juegan libremente en un aire sutil y templado; livianos trajes ceñidos cubren los cuerpos. Y así, en este medio de enervación, de voluptuosidad, nacen las actitudes gallardas, señoriles y un descuido y una despreocupación aristocrática nos hacen pasar agradablemente entre las cosas, lejos de las quimeras y los ensueños hórridos de los pueblos del Norte...[1]

Mas nuestro paseo ha terminado; se va acercando la hora de dejar Sevilla. Hay otros moradores en tierras andaluzas para quienes la vida es angustiosa. Esa es la Andalucía trágica que ha venido por lo pronto a buscar el cronista. Aquí queda nuestra ilusión de un momento por todas estas sevillanas que caminan airosas por las callejas con la flor escarlata en sus cabellos de ébano.

1. ¡Eh, cuidado, señor Azorín, con esto, escrito en 1905! Fíjese usted. (*Nota de 1914*)

II

EN LEBRIJA

Ya estoy en Lebrija. Yo no quiero engañar al lector; yo no soy un sociólogo, ni un periodista ilustre, ni un diligente reportero; yo soy un hombre vulgar a quien no le acontece nada. «Lo que a mí me ocurre –decía Montaigne– es toda mi física y toda mi metafísica». Yo ni aun estas palabras del maestro puedo hacer mías.

Ya me encuentro en Lebrija.

–¿Cómo se llama usted? –le he preguntado yo a este mozuelo.

–Benito López Cano –ha contestado él.

Y yo he replicado:

–Pues bien, Benito López Cano, yo le doy a usted las gracias y, además, dos reales.

Este lebrijanito, descalzo, tostado por el sol, con unos ojos vivarachos, ha traído desde la estación sobre los hombros mi vieja y raída capa de hidalgo. A las once, el tren ha llegado a Lebrija; desde la estación se veía el pueblo a lo lejos; una torre fina, grácil, resaltaba por encima de las blancas fachadas y de los tejados negruzcos. El cielo era de un azul pálido, mate, suave; caía el sol ardoroso, cegador, sobre la campiña. Y los sembrados, que ondulan sobre las lomas y se extienden por la llanada entre cuadros grises de olivos, amarillean acá y allá, mustios, casi agostados, casi secos. Y vamos caminando por dos ringlas de áloes.

–¿Hay muchas fondas en Lebrija, Benito? –le pregunto yo a mi flamante amigo.

Él se detiene un poco, vuelve la cabeza, abre anchos los ojos, y contesta:

–¡Ca, no zeñó; no hay má que una!

Y es preciso ir a esta única fonda. Ya comenzamos a caminar por las calles de Lebrija. Las casas son blancas, anchas, de dos pisos; las puertas y los balcones aparecen cerrados. Surge a trechos, entre las viviendas modernas, un viejo caserón con su escudo enjalbegado de cal nítida. Y las rejas, estas vetustas rejas de Lebrija, estas rejas anchas, estas rejas nobles, estas rejas soberbias, sobresalen todas sobre la acera un gran espacio y forman como diminutas estancias cerradas con cristales interiormente. Y no se oye en todo el pueblo ni un grito, ni un ruido, ni una canción; de cuando en cuando, por las calles espaciosas cruza un labriego con su ancho sombrero blanco, grasiento, que se para un instante, nos mira con su mirada atenta y torna a proseguir en su marcha indolente, melancólica, resignada, tal vez sin rumbo.

Y así llegamos a la plaza; unas palmeras doblan en ella sus ramas inmóviles, brillantes; entre sus troncos surge el follaje oscuro de los naranjos. Y en el centro, sobre un pedestal de granito, un busto en bronce de Nebrija destaca con su cara rapada y su guedejas. El sol reverbera fulgurante en las blancas paredes; el aire es caliginoso; hay en un costado de la plaza unas sombras anchas y gratas, y en ellas, sentados con gestos de tedio, de estupor, reposan quince, treinta labriegos con los sombreros caídos sobre las frentes. En lo alto, por el cielo pálido, implacablemente diáfano, pasan lentas, con sonoros aleteos, unas palomas; una campana deja caer unas vibraciones cristalinas, largas.

–Benito –le digo yo a mi guía–, ¿dónde para esa fonda?

–¡Ya etamo! –dice él, señalando una casa.

La fonda está en un recodo de la ancha plaza.

–¡A la paz de Dios! –grito yo cuando pongo los pies en el zaguán.

Nadie contesta. Yo repito con voz más recia:

–¿No hay nadie aquí?

–¡Consolación, Consolación! –se oye gritar allá en una pieza remota.

Yo he pasado por el zaguán largo y estrecho; luego he visto una puerta recia y me he aventurado a atravesarla; por fin, he llegado a un patizuelo blanco, claro, limpio, sosegado, donde un gato ceniciento duerme al sol y un canario trina voluptuoso. En las paredes penden unos paisajes rudimentarios, chillones, ingenuos; hay también un retrato de Castelar encuadrado en uno de sus discursos en las Cortes Constituyentes; hay asimismo una *Lámina de las que se reparten a los suscriptores de «La Educación política»*, con efigies de Serrano, de Prim, de Méndez Núñez, de Espartero y de López Domínguez. En los ángulos del patio aparecen macetas de evónimus y aligustres; el pavimento es de losetas rojas; una barandilla pintada de verde corre por lo alto, en el piso de arriba...

Y Consolación no aparece. Yo vuelvo a llamar, dando unas recias palmadas. Todo está en silencio; oigo de pronto un taconeo rítmico, ligero, y veo luego ante mí, en el umbral de una puerta, una moza alta, gallarda, con unos ojos anchos, negros, y una flor roja, encendida, puesta sobre la frente. Esta moza es, sin duda, Consolación.

–Perdone usted, Consolación –le digo yo–; he venido a ver si había cuarto en esta fonda.

Es muy bonita Consolación. ¿Por qué no he de contar yo estas cosas pequeñas? En la fonda hay, en efecto, un cuarto.

–¿Ha almorzado usted ya? –me pregunta la moza.

–No, Consolación –le digo yo, sonriendo–; no he almorzado todavía.

Y Consolación me hace pasar al comedor; si no temiera yo ser impertinente, volvería a decir que Consolación anda con una gallardía, con una gracia extraordinaria, y, sobre todo, que cuando sirve a la mesa, cuando os quita un plato de delante para llevárselo, da una vuelta rápida y elegante que hace que su vestido revuele un poco y aparezca un pie breve, agudo, enarcado sobre un tacón enhiesto. Yo voy comiendo, y mientras tanto, miro a Consolación; así, la comida transcurre rápidamente, como en un soplo. Y de que he despachado las viandas, pienso que es necesario hacer lo que mil veces he hecho en los pueblos y haré otras tantas. Ya sospecháis que aludo a la ida al Casino. El Casino está en la plaza; la plaza permanece desierta, silenciosa; allá en la sombra ancha y grata, los labriegos siguen sentados, inmóviles, cabizbajos, con sus sombreros sobre la frente.

–¿No se llama usted Antonio? –le pregunto yo al mozo del Casino.

–No –dice él–; me llamo Juan.

–Juan –torno yo a decirle–, ¿cómo marcha este pueblo?

Juan da un hondo suspiro, enarca la ceja, aprieta los labios y, al cabo, dice:

–Má, mú má; no hay d'aquí...

Y al decir esto hace ante la boca con su mano derecha un movimiento con el que quiere indicar el acto de comer. Yo estoy solo en el Casino; no he visto nunca un Casino de pueblo con un mayor ambiente de familiaridad, de sosiego, de intimidad. Es un salón espacioso y cuadrado de una vieja casa solariega; la luz entra a raudales por cuatro anchos balcones; cuando se cierran las persianas, un claror verde y suave se difluye por la vetusta estancia y deja en una vaga penumbra a las dos camillas –tan agradables– y los dos viejos sofás negros, de gutapercha –tan simpáticos–. Una columna de piedra sostiene el techo; una estera limpia se extiende por el piso...

Y no hay nadie en este Casino; son las dos de la tarde.

–Juan, ¿no viene nadie a este Casino? –pregunto yo.

–No, señó; no viene nadie –contesta Juan, tristemente.

–Pero ¿y los socios? ¿Y los señores del pueblo? –digo yo.

–Los señores, no viene ninguno –dice él, con el mismo aire melancólico.

Los señores no salen de sus casas; no ponen sus plantas en la calle. «Hace pocos días –me decía en Sevilla un prestigioso periodista–, hace pocos días tuve que ir a un pueblo de la provincia a ver a un amigo, y me aseguró que hacía dos meses que no salía a la calle». La muchedumbre campesina no es mala; tiene sencillamente hambre. La sequía asoladora que reina ha destruido los sembrados; las viñas están devastadas por la filoxera. ¿Cómo van a salir del tremendo conflicto que se avecina propietarios y labriegos? Lebrija es una población de 14.000 almas; hay en ella unos 3.000 jornaleros. De estos 3.000, unos 1.500 son pequeños terratenientes; tienen su pegujal, tienen su borrica. Los otros no cuentan más que con el producto de su trabajo; mas todos, unos y otros, están ya en igual situación angustiosa. Existía antes para estos braceros un recurso: casi todos ellos encontraban trabajo en los viñedos cercanos de Jerez. Pero Jerez atraviesa por honda crisis; no puede dar trabajo; los jornaleros de Lebrija no salen ya de este término. Todos están parados, inactivos. «Es un dolor –me dicen los propietarios– ver cómo estos buenos trabajadores entran en nuestras casas y nos dicen que no pueden comer, que sus mujeres y sus hijos tienen hambre». Desde el 18 de febrero los propietarios están facilitando medios de vida a los labriegos; el Ayuntamiento reparte entre ellos lo que se recauda de consumos. Pero estos recursos van agotándose; lo que a cada labriego toca apenas si puede hacerle tolerable la vida; la crisis se va acentuando de día en día; la paciencia se va acabando; hace pocas noches la muchedumbre, exasperada, entró a saco en una tienda de comestibles. ¿Qué sucederá dentro de ocho, de diez, de veinte días? ¿No hay acaso ninguna solución por el momento?

Hay, lector, un medio de conjurar por lo pronto el conflicto; pero es preciso no olvidar que estamos en España.

Todos estos obreros de Lebrija, el año pasado, en circunstancias análogas a éstas –pero menos apremiantes–, encontraron trabajo en las obras del camino vecinal a Montellano; hoy se lograría aplacar la crisis con la construcción de la carretera a Trebujena. La carretera está ya concedida, mas la orden para que comiencen las obras no acaba de llegar. ¿Por qué oficinas será preciso andar para lograr tal orden? ¿Qué cúmulo de firmas habrá que conseguir? ¿Qué gruesos y terribles cartapacios será necesario abrir y cerrar? ¿Cuántos y cuántos ordenanzas galoneados tendrán que ir arriba y abajo por los sombríos pasillos de los Ministerios? ¿Qué conferencias tendrán que celebrar el jefe de este negociado, el director de tal ramo, el oficial tercero de esta oficia y el oficial segundo de la otra?

En tanto, estos buenos labriegos caminan lentos, entristecidos, hoscos, por las calles de Lebrija; se sientan en la plaza anonadados; tornan a levantarse; entran en su casa; oyen los lamentos de sus mujeres y de sus hijos; vuelven a salir; tornan a recorrer, exasperados, enardecidos, por centésima vez las calles.

He aquí las dos Españas. No hagáis, vosotros, los que llenáis las Cámaras y los Ministerios, que los que viven en las fábricas y en los campos vean en vosotros la causa de sus dolores...

III

LOS OBREROS DE LEBRIJA

En el capítulo anterior hemos tratado de bosquejar el fondo; ahora vamos a apuntar las figuras. Estamos todos reunidos en torno de una mesa anchurosa, en el Casino, metidos en un cuarto cerrado, frente a frente, mano a mano, dispuestos a charlar con espacio.

–Vamos a ver –digo yo, dirigiéndome a Pedro, que se encuentra a mi izquierda–. Vamos a ver; yo deseo que ustedes me digan lo que piensan con franqueza sobre esta situación.

Pedro considera con rápida mirada a los demás; los demás son Juan, Pepe Luis, Manuel, Ginés y Antonio. Todos van vestidos con sus chaquetillas ceñidas, livianas, sutiles, de blanco lienzo; todos tienen las caras tostadas, escuálidas, fláccidas, con los ojos hundidos; todos se hallan sentados con posturas un poco rígidas, con los sombreros puestos sobre los muslos. Y Pedro –un viejo de ojos claros, vivos, elocuentes– se ha vuelto hacia mí, ha dado una vuelta entre sus manos a su chapeo, y ha dicho:

–Esto, ya lo ve usted, no puede estar peor...

–Lo he visto –replico yo–; lo estoy viendo; pero yo quiero que me digan cómo viven en la presente situación; ustedes tienen mujer, tienen hijos. ¿De qué manera se gobiernan en sus casas en este trance?

Pedro ha callado otro breve momento.

–Hoy –ha replicado– no tenemos jornal; los trabajadores de Lebrija estamos repartidos entre los propietarios; estos propietarios dan diariamente a cada jornalero sesenta céntimos. Con estos sesenta céntimos ya supondrá usted que no podemos pasar; con estos sesenta céntimos compramos pan, lo cocemos en agua, y eso es lo que comemos.

–Sí –observo yo–; de ese modo es imposible continuar. Ustedes necesitan un jornal. ¿Qué jornal ganan ustedes en tiempos normales en Lebrija?

–En tiempos normales –replica Pepe Luis– ganamos tres reales y una telera de pan.

–¿Una telera de pan? –pregunto yo–. ¿Qué es una telera?

–Una telera –dice Manuel– son tres libras.

–Además –añade Pedro–, nos dan media panilla de aceite y un poco de vinagre.

–¿Cuánto es una panilla? –torno a preguntar yo.

–Una panilla –dice Pedro– es la centésima parte de una arroba.

–¿Cuántas libras tiene la arroba de aquí?

–La arroba de aquí tiene veinticinco libras.

–Perfectamente –digo yo–, perfectamente; pero con tres reales, una telera de pan, media panilla de aceite y un poco de vinagre, creo que no se puede vivir.

–Y tenga usted en cuenta –añade Pedro– que no tenemos este jornal durante todo el año; muy afortunado puede considerarse el que de los doce meses trabaja seis.

–Entonces –digo yo–, ¿cuánto creen ustedes que debe ser el jornal mínimo diario? Pedro, Juan, Pepe Luis, Manuel, Ginés, Antonio, ¿quieren ustedes que hagamos la cuenta por la menuda de lo que ustedes necesitan para comer?

Todos sonríen un poco.

–¡Vamos allá! –exclama Pedro.

–¡Ea, lo va usté a ve! –gritan Juan, Pepe Luis, Ginés, Manuel y Antonio.

–Ante todo –digo yo–, supongamos que la familia de usted, Pedro, se compone de usted, de su mujer y de tres chicos.

–¡Esa es la familia que tengo precisamente! –exclama Pedro.

–En ese caso –replico yo–, no tenemos que imaginar nada. Usted, Pedro, necesita pan. ¿Cuánto pan necesita usted todos los días?

–Necesitaré tres kilos. ¿Le parece a usted mucho?

Yo me apresuro a protestar.

–No, no, Pedro; de ningún modo; me parecen muy bien tres kilos.

–Tres kilos los contaremos a treinta y seis céntimos el kilo.

–¡Y ha de ser morenito, morenito pa no exagerarlo! –observa Pepe Luis.

–Aceite, ¿cuánto?

–Dos panillas, o sea un real.

–Habichuelas, ¿cuántas?

–Un kilo, que cuesta treinta y seis céntimos.

–¿Patatas?

–Patatas le pondremos diez céntimos.

–¿Carne?

Pedro se detuvo un momento; Juan, Pepe Luis, Manuel, Ginés y Antonio sonríen.

–Carne –dice al fin lentamente Pedro–, carne no la probamo.

–¿Vino?

Se hace un nuevo silencio y surgen nuevas sonrisas.

–Vino –dice Pepe Luis–, de ca tre meses, un vasillo.

–Pues pasemos al alquiler de la casa –digo yo.

–Los alquileres suben a catorce, dieciséis y dieciocho reales mensuales –prosigue Pedro–. Pongamos por la casa quince céntimos diarios.

–Veamos ahora la ropa. ¿Qué gastan ustedes en ropa?

–Ya lo está usté viendo.

Yo veo las chaquetillas ligeras, astrosas. Los pantalones raídos, las botas despedazadas, los sombreros grasientos, agujereados.

–¿Cuánto quiere usted que pongamos para la ropa? –vuelvo yo a preguntar.

–Pongamos –dice Pedro– treinta céntimos diarios.

–¿Y tabaco?

–De tabaco, diez céntimos.

–¿Está ya todo? ¿No queda el gasto de la barbería y el de la limpieza de la ropa?

–Por la barbería no pondremos nada; nos afeitamos nosotros mismos. En cuanto al lavado de la ropa, ¿le parece a usté que destinemos cinco céntimos para jabón y que añadamos otros diez para leña con que guisar?

–Está bien –agrego yo–; vamos ahora a sumar.

Y la suma arroja un total de dos pesetas cuarenta y nueve céntimos.

–Pedro, Juan, Pepe Luis, Manuel, Ginés, Antonio –les digo a mis amigos–: las cuentas que acabamos de echar no pueden ser tachadas de escandalosas; están calculados todos los gastos con bastante modestia. Y bien: si usted gana tres reales de jornal y necesitan, tirando por lo bajo, nueve reales y veinticuatro céntimos, ¿qué hemos de hacer? ¿Cómo vamos a resolver este conflicto? ¿Qué ideas son las de ustedes? Yo agradecería que ustedes me hablaran con entera confianza, como a un compañero. Las obras de la carretera que todos esperamos no harán sino aplacar esta angustia presente; el problema tornará a resurgir. Ustedes han pensado muchas veces sobre él: ¿qué creen ustedes que debemos hacer?

Pedro, Juan, Pepe, Antonio, Ginés, Manuel y Pepe Luis se han mirado en silencio. ¿Tenían reparo en exponer su escondido criterio ante un desconocido? Y de pronto este Antonio, que ha permanecido callado durante toda la conferencia, ha levantado la cabeza y ha comenzado a hablar. Antonio es uno de estos hombres tímidos, apocados, encogidos, que callan, que conllevan todo resignados, pacientes, y que de pronto, cuando menos lo esperamos, se yerguen en actitudes bravías y tienen en sus palabras y en sus obras una audacia y un ímpetu estupendos. Yo quiero que temáis y respetéis a estos hombres que a vosotros os parecen insignificantes y opacos, a estos hombres que pasan inadvertidos por la vida; ellos hacen las cosas grandes, ellos son tremendos, ellos guían e inspiran a las muchedumbres en las revoluciones.

–En Lebrija –ha dicho Antonio– existen grandes extensiones de terrenos incultos; esos terrenos son los que creemos nosotros que el Estado debe expropiar a sus propietarios y vendérnoslos a nosotros a largos plazos. Hoy hay en el pueblo pequeñas parcelas de tierra arrendadas a los labriegos; pero estos arrendamientos no sirven sino para enriquecer a los intermediarios. Yo, por ejemplo, llevo una fanega de tierra arrendada; yo pago por ella treinta y una pesetas y veinticinco céntimos. La persona a quien yo entrego esta cantidad no es el dueño de la tierra; esta persona a su vez tiene arrendado este pedazo y entrega por él al verdadero propietario tan sólo once pesetas. Y así, lo que va de diferencia entre lo que yo entrego y lo que él entrega, es lo que yo creo que se me cobra a mí injustamente. Y éste no es un caso extraordinario; he de advertir a usted que ya en Lebrija se va generalizando este sistema, y que los propietarios van arrendando sus tierras a unos pocos acaparadores, que, a su vez, las subarriendan a los pequeños terratenientes. Y no es esto lo más grave de todo: lo más grave –y fíjese bien en ello– es que cuando se rotura una dehesa y es arrendada a un jornalero una parcela, este jornalero la cultiva con todo esmero, la limpia con cuidado, la hace producir lo más posible, y entonces, cuando se halla en este estado, el dueño se la quita al jornalero para arrendarla en un precio mayor a otro solicitante; es decir, que el labriego ha trabajado durante unos años para mejorar unas tierras, y que cuando esta mejora se ha realizado, resulta que sólo sirve para que el dueño de la tierra se enriquezca...

Antonio ha callado un instante.

–Pero, Antonio –le digo yo–, aun cuando esos terrenos incultos se expropiaran y repartieran, ¿qué iban ustedes a hacer con ellos? ¿No necesitarían ustedes medios para comenzar a cultivarlos?

–No se nos oculta –contesta Antonio–; nosotros sabemos que el Estado no puede acometer esta reforma sin fomentar a la par el crédito agrícola. Faltan Cajas y Bancos que suministren a bajo precio dinero al labrador. Hoy, en Lebrija, por ejemplo, no hay ni un propietario que facilite un duro a un jornalero, fiado en sólo la persona de éste; el crédito directo no existe; el trabajador necesita que le abone una persona de capital; para tomar veinticinco pesetas es preciso que tenga por lo menos bienes por valor de quinientas el que ha firmado. Y después hay que contar con que la tasa del préstamo asciende, como regla general, a un veinticinco por ciento, y que hay que pagar al corredor y convidarlo, y que es preciso gastar también los veinticinco céntimos del documento.

Yo oigo atentamente cuanto me dice Antonio; sus compañeros asienten sus palabras.

–Y esto que ustedes me dicen a mí ahora –resumo yo–, ¿lo han pedido ustedes alguna vez en público?

–¡Mil veces, mil veces! –gritan todos.

Y Antonio, más vehemente, más exaltado:

–Cuando nosotros pedimos esto, cuando nosotros solicitamos un permiso para celebrar una reunión, se nos mandan cuarenta o cincuenta guardias civiles. El Gobierno no conoce otro medio de solucionar la cuestión social. No se escuchan nuestros razonamientos; no se contesta a ellos; se nos enseñan los cañones de los fusiles, y con eso creen haber cumplido su misión ante la sociedad los ministros.

Y luego, con voz más queda, más tranquila:

–Nosotros estamos ya cansados.

Ya están cansados los buenos labriegos de Lebrija; ya están cansados los labriegos de toda Andalucía; ya están cansados los labriegos, los obreros, los comerciantes, los industriales de toda España. Ya estamos cansados los que movemos la pluma para pedir un poco de sinceridad, de buena fe, de amor, de reflexión a los hombres que nos gobiernan. ¿Qué va a venir después de este cansancio?

¿No es ésta una interrogación formidable?

IV

LOS SOSTENES DE LA PATRIA

Esta mañana, a las ocho, don Luis ha venido a buscarme. ¿No conocéis a don Luis? ¿No conocéis a este hombre tan inteligente, tan discreto, tan bueno, tan abnegado, tan afable? Don Luis es alto, cenceño, delgado; está un poco pálido; anda un poco encorvado; tose de rato en rato un poco. Y cuando se detiene en un corro de convecinos, en su marcha rápida, afanosa, febril, a través de las calles del pueblo, don Luis da unos fuertes resoplidos, se pasa la mano por la frente, atusa ligeramente su tupé y comienza a hablar con voz recia, imperativa, pintoresca, que poco a poco va apagándose, hasta que don Luis calla de pronto, se lleva la mano al pecho y suspira con un leve suspiro:

–Señor Azorín, ¿estamos ya?

–Estamos ya, señor don Luis.

Y entonces comenzamos a andar por las calles anchas del pueblo; las saledizas, espaciosas rejas verdes, sobresalen en las aceras.

Luego nos internamos en las calles de los barrios obreros. Y hemos entrado en un patizuelo blanco, empedrado, en que resonaban nuestros pasos.

–¡Gente! –ha gritado don Luis–. ¡El médico!

Seis u ocho puertas se abren en torno de todo el patio; levantamos la cortina que pende ante una de ellas. Y en este punto por todas las demás puertas han ido saliendo los moradores de la casa. Y yo he visto estos rostros fláccidos, exagües, distendidos, negrosos, de los labriegos. Y estas mozas escuálidas, encogidas en un rincón, como acobardadas, tal vez con una flor mustia entre el cabello crespo. Y estas viejecitas, acartonadas, avellanadas; estas viejecitas andaluzas que no comen nada jamás, jamás, jamás, estas viejecitas que juntan sus manos sarmentosas y suspiran: «¡Vigen de Came! ¡Vigen de Came!». Don Luis, rápido, afectuoso, va viéndolos, examinándolos a todos; entra en un cuchitril; sale de otro; da a un mozo una palmada sobre el hombro; pasa la mano por la barbilla a un niño. Y después, cuando hemos salido de esta casa, ya en la calle, el buen doctor se quita su sombrero, se pasa la mano por la frente, se la lleva después al pecho y da un hondo suspiro.

–Señor doctor –le digo yo–, esto es verdaderamente terrible.

–Amigo Azorín –me dice él, mirándome con sus anchos ojos entristecidos–, esto no puede ser.

Y ya hemos puesto nuestras plantas en otro patio blanco y empedrado.

–¡Gente! –grita don Luis–. ¡El médico!

Y otra vez vemos las caras angustiadas, trágicas, y percibimos las respiraciones fatigosas, y oímos los plañidos sordos del dolor, y contemplamos las viejecitas acurrucadas en un rincón, que exclaman: «¡Vigen de Came! ¡Vigen de Came!». Don Luis parece que entre esta gente, durante un breve momento, hace un esfuerzo supremo, enorme; diríase que trata de iluminarse a sí mismo; su charla es ligera, amable; va presto de una parte a otra; sonríe; da esperanzas. Mas, a poco, otra vez fuera, toda su energía cae súbitamente; sus ojos se apagan; su palabra se torna lenta y opaca. ¿Qué hay en este excelente, en este discretísimo don Luis que os hace pensar en un esfuerzo que fracasa, que no llega a su máximum? ¿Qué hay en este hombre que os recuerda esas vidas que han debido tener otros más anchos y luminosos destinos y que viven, sin embargo, oscurecidos, decaídos en un ambiente que no es el suyo?

–Don Luis –grito yo–, esto es terrible.

–Señor Azorín –me dice don Luis–, yo ya no puedo más; yo estoy enfermo. Yo no puedo continuar haciendo por más tiempo este esfuerzo que hago cada vez que entro en una de estas casas.

Y después, tras una breve pausa:

–Todos estos hombres, todos estos enfermos que hemos visto, son pobres: necesitan carne, caldo, leche. ¿Ve usted la ironía aterradora que hay en recomendar estas cosas a quien no dispone ni aun para comprar pan del más negro? Y esto ha de repetirse todos los días en todas las casas forzosamente, fatalmente... Y la miseria va creciendo, extendiéndose, invadiéndolo todo: las ciudades, los campos, las aldeas. Casi todos los enfermos que acabamos de ver, señor Azorín, son tuberculosos; éste es el mal de Andalucía. No se come; la falta de nutrición trae la anemia; la anemia acarrea la tisis. En Madrid la mortalidad es del 34 por 100; en Sevilla rebasa esta cifra; en este pueblo donde yo ejerzo, en Lebrija, pasa del 40 por 100.

Hemos salido en nuestro paseo a las afueras de la ciudad; ante nosotros se extiende una llanura sembradiza de un color verde mustio, apagado, amarillento a trechos; en la línea del horizonte, un vapor que recorre el Guadalquivir pone sus sutiles manchones negros sobre el cielo radiante.

–Yo no sé –prosigue el buen doctor– qué solución tendrá a la larga este problema; lo cierto, lo innegable, es que de este modo es imposible vivir. No vivimos: morimos. Le he dado a usted el promedio de la mortalidad en este pueblo; ahora quiero especificar un poco más.

En 1899 ocurrieron aquí 461 fallecimientos. ¿Sabe usted de éstos cuántos corresponden a la tuberculosis? Cuarenta y seis, a más de 161 causados por enfermedades del aparato digestivo, es decir, por escasa o malsana alimentación. En 1900, entre 450 muertos, 44 son tuberculosos y 164 de las demás enfermedades citadas.

En 1901, las cifras son de 355, 38 y 82. En 1902 el horror sube de punto, puesto que de 341 fallecimientos, 60 son tísicos y 219 de miseria fisiológica. Y en 1903 mueren 384, entre los que se cuentan 55 tuberculosos y 133 de las demás enfermedades dichas...

–Señor doctor –le digo yo a don Luis–, esto es un verdadero espanto.

–Señor Azorín –me dice el doctor–, esta es la realidad que yo me veo obligado a contemplar todos los días. Y sobre este dolor, en un medio tal de muerte y de ruina, ponga usted este antagonismo, este odio, cada día más poderoso, más terrible, entre el obrero y el patrono. Una honda diferencia separa a unos y a otros: el patrono rebaja y escatima en el jornal cuanto puede; el obrero dilata cuanto puede los descansos en el trabajo y hace éste con la mayor desgana. Las tierras son cultivadas someramente. Enormes extensiones permanecen incultas, en tanto que los brazos están parados. Los señores viven hoscamente metidos en sus casas; no quieren saber nada de los trabajadores; no tienen trato ni comunicación con ellos. Y el odio de estos labriegos acorralados, exasperados, va creciendo, creciendo. En 1903, cuando la huelga famosa de Lebrija, todos los sirvientes de la ciudad se pusieron de parte de los huelguistas. Las mozas, instigadas y amenazadas por los novios, abandonaron las casas; las abandonaron también estas criadas viejas que llevan a nuestro lado quince o veinte años; las abandonaron asimismo las amas que amamantaban a los niños de los señores...

–Es increíble lo que usted me cuenta, señor doctor.

–Es la verdad escueta, señor Azorín. No hay tregua ni piedad en esta lucha, de momento en momento más enconada. Este obrero andaluz es bueno, es sencillo, es sumiso; pero en su cerebro se han metido dos ideas únicas, fundamentales, que constituyen a la hora presente toda su psicología; estas dos ideas son las siguientes: primera, «el amo es el enemigo»; segunda, «las leyes se hacen para los ricos». No busque usted más; será completamente inútil. Ésta no es una demagogia razonada, libresca, literaria: es un nihilismo instintivo, natural, espontáneo. Y es un nihilismo que fomenta el desvío de los señores, el desamparo del Estado, la inanición, la muerte lenta y angustiosa que la tuberculosis trae a estos cuerpos exangües...

–Doctor: cuando se tocan de cerca estas realidades, todas las esperanzas que pudiéramos alimentar sobre una reconstrucción próxima de España desaparecen. Yo no he nacido en esta tierra; yo conozco detalle por detalle sus claros y rientes pueblos de Levante. Y en estos pueblos yo oigo lamentarse también todos los días a los compañeros de usted de los estragos que la tuberculosis hace entre los labriegos.

El doctor ha tornado a mirarme un momento fijamente con sus ojos ensoñadores, melancólicos. Después ha dicho, tendiéndome la mano:

–Y éste es el corolario desconsolador de nuestra charla: España es una nación agrícola; la poca o mucha consistencia de nuestro pueblo está en los campos; consideramos, entre todas las regiones españolas, como las más florecientes, las del Mediodía y las de Levante. Y los labriegos de estas regiones, sostenes de la patria, hambrientos, consumidos, son diezmados por la tuberculosis.

Yo no he contestado nada al buen doctor, que, alto, cenceño, un poco echado hacia delante, se ha alejado rápidamente, afanoso, tosiendo, dando grandes zancadas, como huyendo de un espanto, de una angustia invisibles...

V

ARCOS Y SU FILÓSOFO

¿Qué es lo que más cautiva vuestra sensibilidad de artistas: los llanos uniformes o los montes abruptos? ¿Cuáles son los pueblos que más os placen: los extendidos en la llanada clara o los alzados en los picachos de las montañas? Arcos de la Frontera es uno de estos postreros pueblos: imaginad la meseta plana, angosta, larga, que sube, que baja, que ondula, de una montaña; poned sobre ella casitas blancas y vetustos caserones negruzcos; haced que uno y otro flanco del monte se hallen rectamente cortados a pico, como un murallón eminente; colocad al pie de esta muralla un río callado, lento, de aguas terrosas, que lame la piedra amarillenta, que la va socavando poco a poco, insidiosamente, y que se aleja, hecha su obra destructora, por la campiña adelante en pronunciados serpenteos, entre terreros y lomas verdes, ornado de gavanzos en flor y de mantos de matricarias gualdas... Y cuando hayáis imaginado todo esto, entonces tendréis una pálida imagen de lo que es Arcos.

No hay en esta serranía pueblo más pintoresco. Sobre la cumbre de la montaña la muchedumbre de casitas moriscas se apretuja y hacina en una larga línea de cuatro o más kilómetros. El poblado comienza ya en la ladera suave de una colina; después baja a lo hondo; luego comienza a subir en pendiente escarpada por la alta montaña; más tarde baja otra vez, se extiende en breve trecho por el llano y llega hasta morir en la falda de otro altozano. Y hay en lo alto, en el centro, en lo más viejo y castizo de la ciudad, unas callejuelas angostas, que se retuercen, que se quiebran súbitamente en ángulos rectos, pavimentadas de guijos relucientes, resbaladizos; al pasar, allá en lo hondo, bajo vuestros pies, veis un rodal de prado verde o un pedazo de río que espejea al sol. El ruido de los pasos de un transeúnte resuena de tarde en tarde suavemente. Pasáis ante el oscuro zaguán de una casa solariega: por la puerta entreabierta, dentro, en el estrecho patio sombrío, penumbroso, un naranjo destaca su follaje esmaltado de doradas esferas.

Flota en el aire un vago olor a azahar; el cielo azul se muestra, como una estrecha cinta, en lo alto, entre las dos filas de casas de la vía. Y vosotros proseguís en vuestro paseo: las callejuelas se enredan en una maraña inextricable; ya suben a lo alto, ya bajan a lo hondo en cuestas por las que podéis rodar rápidamente a cada paso. Ahora, a vuestra mano izquierda, ha aparecido un largo muro; en él, a largos intervalos, vense abiertos anchos portillos. Asomaos a uno de ellos; dejad reposar sobre el pretil vuestro cuerpo cansado: un panorama como no lo habréis visto jamás se descubre ante vuestros ojos. Nos hallamos sobre un elevado tajo de doscientos, de trescientos metros de altura; la campiña verde se pierde en lontananza en suaves ondulaciones; millares y millares de olivos cenicientos marcan en el gayo tapiz sus copas rotundas, hoscas: limita el horizonte una línea azul de montañas, dominadas por un picacho soberbio, casi esfumado en el cielo, de un violeta suave. Y abajo, al pie de la muralla, en primer término, el Guadalete trágico, infausto, se acerca hasta lamer la roca, forma una ancha herradura, vuelve a alejarse, tranquilo y cauteloso. En las quiebras y salientes de las rocas, las ortigas y las higueras silvestres extienden su follaje; van dando vueltas y más vueltas en el aire, bajo vuestras miradas, los gavilanes y los buitres con sus plumajes pardos; desde un remanso de la corriente, un molino nos envía el rumor incesante de su presa, por la que el agua se desparrama en borbotones de blanca espuma.

Y pasan los minutos rápidos, insensibles; pasan tal vez las horas. Un sosiego, una nobleza, una majestad extraordinarias se exhalan del vasto panorama. A nuestra espalda, en las altas callejas, tal vez tintinea una herrería, con sus sones joviales, o acaso un gallo vigilante lanza al aire su canto. Y es preciso continuar en nuestra marcha para escudriñar la ciudad toda. ¿No os encantan a vosotros –como al cronista– los viejos y venerables oficios de los pueblos? ¿No he hablado mil veces, y he de hablar otras tantas, de estos herreros, de estos carpinteros, de estos peltreros, de estos alfayates morunos, de estos talabarteros? En Arcos, vosotros, al par que camináis por calles y por plazas, vais registrando con vuestra vista los interiores de tiendas y talleres. Tal vez vuestros pasos os conduzcan allá al final de una callejuela serpenteante, solitaria; a la izquierda está el pretil que corre sobre el tajo; a la derecha recomienza otra vez la peña, manchada por las plantas bravías, coronada por blancas casas. Al cabo de la calle, en un recodo, os detenéis ante una puertecilla. Estáis ante la casa del hombre más eminente de Arcos; no os estremezcáis; no busquéis entre vuestros recuerdos ninguna remembranza; vosotros no conocéis a este hombre. Y, sin embargo, él, que os ha visto contemplar un momento las enjalmas, las jáquimas, los atahares, los preteles que penden en su chiquita tienda, os invita a pasar. Y él –¿cómo podéis dudarlo de un andaluz?– os va contando toda su vida, año por año, día por día, hora por hora. ¿Sospecháis acaso que este hombre ilustre se llama sencilla y afectuosamente el tío Joaquinito?

El tío Joaquinito es bajo, gordo, con una boca ancha y expresiva, irónica, y una nariz redonda. Él no sale de su taller; él es un filósofo; él ve pasar arriba, pasar abajo a todos los vecinos; él tiene en su tiendecilla hierros viejos, relojes descompuestos, pistolones mohosos, llaves sin cerraduras, cerraduras sin llaves, trébedes, trampas para los pájaros; él no pule vidrios como Spinoza, mas posee una larga y sutil aguja con la que va cosiendo los albardones, lentamente, dando suspiros, levantándose de rato en rato para ir a una camareja contigua, de donde torna exhalando un hálito de vino...

–Tío Joaquinito –le decís vosotros, encantados con su charla, con el afecto con que hablaríais a un viejo conocido–. Tío Joaquinito, malos están los tiempos.

El tío Joaquinito da unos golpes sobre la albarda, y dice:

–Pésimo, pésimo, pésimo...

Y luego, tras de pasarse el pulgar y el índice por la comisura de los labios:

–Usté es un hombre de rasón; yo he nasío en er jariná de un molino, y por eso tengo la cabesa branca. Yo he corrío mucho, mucho. ¿Sabe usté e qué nos paresemo nosotro a Nuestro Zeñó Jesucristo?

Vosotros os quedáis mirando un poco atónitos al gran filósofo. Él continúa:

–Nosotro, lo españole, estamos pasando la Pasió como Nuestro Zeñó Jesucristo. Lo tré clavo son lo tré trimestre de la contribusió; er lansaso e er cuarto trimestre; la corona de epina e la sédula personá, y lo asotaso que no están dando son lo consumo.

Y después el tío Joaquinito da otros ligeros golpes sobre la albarda, suspira y resume:

–Pero Nuestro Zeñó Jesucristo tomó pronto la angariya y se fue ar Sielo, y nosotro etamo aquí sufriendo a lo Gobierno que no asotan...

–He aquí –decís para vosotros– el pensamiento de toda España, que palpita en el editorial de un gran periódico, en el discurso pronunciado en el mitin y en las palabras de un talabartero filósofo perdido en una serranía abrupta. Y os disponéis a desandar la maraña de callejuelas enredadas. Un momento tornáis a asomaros por el boquete de la muralla: el río, infausto, trágico[2], se desliza callado allá en lo hondo; los gavilanes pardos giran y miran en el aire, lentos, con sus aleteos blandos.

2. Señor Azorín: otra vez en este capítulo lo de *trágico* e *infausto* aplicado al Guadalete. Advierto a usted que... (*Nota de 1914*)

EUGENIO NOEL

ANDALUCÍA: ANVERSO, REVERSO, EXERGO Y CANTO

Las páginas seleccionadas de Eugenio Noel (1885-1936) pertenecen al volumen *Señoritos, chulos, fenómenos, gitanos y flamencos*, publicado por Renacimiento, Madrid, en 1916. Este título no parece haber sido reeditado.

> —¿Pero poner su vida, su ardor, en una obra moral, más aún, religiosa, si se quiere, mística, en una obra de desbrutalizar al pueblo, de llevarle a otras preocupaciones, de que no malgaste su espíritu en un espectáculo atontecedor? Usted está loco, decididamente.
>
> Unamuno (Carta)

ANDALUCÍA: ANVERSO

El pueblo andaluz es un pueblo macerado e irredento. Primera materia admirable de pueblo, pronto a la asimilación, heredero de ilustraciones y civilizaciones que influyeron en el Universo, ha dejado hacer al clima y al cacique, y es hoy víctima de los dos. Lo sabe, y se defiende con la ironía, que el sol dora con el resplandor fugitivo de la gracia. Al latifundio no opone una sublevación de campesinos: se contenta quemando la paja de una era, algunas avanzadas de cereales o parcelas de montes. Al cacique no sabe vencerle sino con su torero. Pocos han pensado que la raíz más fuerte de la idolatría tauromaca en el pueblo andaluz no es el valor o la elegancia o la destreza, sino la visión deslumbradora de un pobre hijo de sus entrañas, ayer golfillo, polvo, nada, que con su voluntad y por sólo su esfuerzo se eleva con increíble rapidez nada menos que a tirano de ese cacique, a igual, casándose con sus hijas, paseando en sus coches, comprándole sus cortijos, en cuyos umbrales, y como un perro, durmió cuando el duro aprendizaje de las capeas, venciéndole en su terreno, de poder a poder.

Se satisface con poco. El sol le da una vida falsa, luz, colores, alcohol, gazpacho; su imaginación suple lo demás. Cuando su irritación justa sobrepasa la pereza atávica, crea un bandido que pone en jaque la Guardia civil de una provincia, o una Sociedad negra que atemoriza al Estado. No conoce el valor del claro-obscuro, el término medio, las tintas que dan relieve o difuminan. Vive de sobresaltos, de primeras impresiones, de corazonadas, de arrebatos devoradores, que terminan en súplicas cobardes y lastimeras. Bueno y rico como el pan, ese pueblo es tratado a manera de harina en molino, o como sus aceitunas son trituradas en las almazaras. Trabaja poco y cree hacer mucho, cuando lo que en realidad hace es sufrir por no meditar, por improvisarlo todo siempre. Se abandona todo entero al criterio de la simpatía o antipatía del que ha creado nada menos que un sistema de gobierno y una filosofía pasional. Se engaña y se ríe de su ilusión. Borda sus desgracias en la guitarra y diluye sus sentimientos en vinos, tan ricos alcaloides, que suplen a la comida misma, a la idea, a la disciplina del porvenir. Se espanta de fantasmas, como los habitantes de Loja, o pasa tres años bordando un manto para una imagen, como las señoritas de Lorca[1]. Delira ambiciones que sólo le crean deudas. El amor fuerte de las cosas le trae la muerte en vez de la felicidad. Se burla de lo que no entiende para vengarse de que no se lo expliquen. Gusta de lo que brilla, aunque sea vanidad, y cuando en lo que desprecia le muestran un tesoro, no se arrepiente de no haberlo previsto, y lo desdeña. Complejo hasta lo imposible ese pueblo ideal, cuya madre tenía tantas ubres como la Diosa de la Maternidad de los RigVeda, participa de todo, no se concreta en nada, no intenta definirse y se rebela contra quien habla de él, porque, a semejanza de las mujeres pasionales, se cree un misterio vivo. Llora después de cantar, y casi

1. Lorca es una ciudad andaluza por temperamento; nada tiene de murciana. Casi lo mismo le sucede a Cartagena. En esto de la división territorial de las provincias se han cometido verdaderos horrores. Chiva y Utiel, por ejemplo, pertenecen a Valencia, y ellas aún reclaman su Cuenca y su Castilla.

siempre mientras canta. Perdidas las fuentes de su vieja fortaleza, se consuela de su bancarrota alabando su hermosura, por cuya conservación nada arriesga. Se juega la vida como el dinero, y esa indiferencia la impone a los demás como una pena profunda. Se estima tanto como se desprecia. Su risa es melancólica y hasta hipócrita; perdona los individuos y es implacable con las ideas generales, rasgo que desconcertaría a Bergson. Su vino le resarce de su nostalgia; el toreo suple su esterilidad creadora; su obrero no se decide jamás, y cuando se decide tiembla ante el «señorito», cuya vida envidia profundamente y a cuyo esplendor contribuye con el servilismo de un soñador que imaginara, siendo esclavo, tener algo en sí del amo.

ANDALUCÍA: REVERSO

De ningún pueblo se ha escrito tanto y con menos provecho. Si sus dos millones de regionales acudiesen a un plebiscito para su definición, el sociólogo habría de revisar dos millones de opiniones diversas. Escucha bien, porque es la raza más curiosa de la tierra, y mientras oye se interesa tanto, que, si fuera capaz de retenerlo, sería un magnífico país. Deifica al que le entretiene, sea con lo que sea, y no le pidáis las razones de esa glorificación, porque las ignora. De su espíritu de contradicción ha brotado su burla. Tiene el don de poner motes, y sus adjetivos son yambos. Incrédulo hasta la negación absoluta, pone interrogaciones a las cosas más sencillas. Su admiración es la del niño; pasar de ahí sería para él trabajo parecido al del pobre profeta que montaba la burra que hoy lleva su nombre: Balaám. Sin duda alguna esta raza ha inventado los puntos suspensivos porque no le agrada decir lo que ha visto. Si entre dos andaluces ponéis una pared, los dos se quedarían sin narices al pretender, gateando por ella, enterarse el uno de lo que hacía el otro. Un magistrado que tuviera talento –lo que no es tan fácil de encontrar, según Alfonso el Sabio– escribiría diez tomos sobre las declaraciones de andaluces los días solemnes de las Audiencias. Os odiará a muerte si le ocultáis un suceso, y es tan admirable su memoria, que os lo vuelve a contar al cuarto de hora como si le hubiera ocurrido a él mismo; esto sería nefando, pero lo escucháis como si fuera nuevo, y así es. Posee la dote, no prodigada en la Naturaleza, de convencerse a sí mismo de algo que no le ha ocurrido ni le importa. Sus cuentos se han hecho famosos y seguramente inmortales; el Aretino y Boccaccio, de oírlos, se mirarían confusos y avergonzados. Su invención es escasa; mas han demostrado los sabios que esto no indica degeneración; a cambio de ello, adereza tan bien las cosas, que la salsa vale más que la substancia. Si le acusáis de mentira os creáis un enemigo terrible, y con razón, pues la verdad, como los sonidos muy agudos, suele estar negada a nuestros sentidos. Es conciso, sobrio, vivo –espabilao– y vagamente altanero. Si ensarta refranes no imita a Sancho Panza, y don Quijote, que criticaba mucho y se reía poco como buen manchego, aprobaría. Es tan poco militar que ha engendrado el tipo de asistente, y tan buen cocinero que ha creado el furriel: el uno ha puesto en ridículo la disciplina y el otro ha discurrido viandas, al lado de las cuales son una tontería el postulado de Euclides, el Misterio de la Encarnación y la lámpara de Peracelso, que ardía sin consumirse. La viveza se ha hecho proverbial como las posturas de los sargentos de la Remonta; un andaluz daría la vuelta al mundo en dos siglos y medio, lo que no quita que haya producido hombres admirables. Es como es: el todo en la nada. Cervantes fue a Sevilla a charlar con Monipodio, y el cordobés Séneca tenía diálogos nocturnos con Mesalina. En Sacro Monte de Granada os enseñan un Cristo que llora lágrimas auténticas si dais a dos venerables viejas una peseta, y no echa una sola si dais noventa y cinco céntimos. Un canónigo de la Catedral de Guadix registra el Breviario con una postal de la bella X, expresamente dedicada, lo que no «empece» para que el andaluz Ossio salvara en el Concilio de Nicea el Cristianismo. Los Pinzones, que «se las traían», ayudaron, de buenas o de malas, a Colón; no creían en él; pero los locos aciertan a veces. Cuando en España faltan hombres, Andalucía envía uno de urgencia, que lo arregla todo de veras. Castelar creía que la República se afianzaría cenando por las noches en casa de los Grandes de España, y

Narváez hablaba al oído de Isabel II cosas que la Historia no cuenta. Los lentes de Cánovas hubieran dado vista a los ojos de Salmerón. Los andaluces y los gallegos han alternado en la difícil tarea de gobernar a España, y no lo habrán hecho tan mal cuando España existe todavía. En Sevilla hay un arco por donde un hombre célebre vio pasar su propio entierro. Ávila enseña en la Basílica de San Vicente un sepulcro donde reposa un hidalgo de la ardua tarea de vigilar durante setenta años por la pureza de su honra; en el Hospital de la Caridad, de Sevilla, leéis que yace en él «el hombre más malo que hubo nunca en el mundo». En las Ermitas de Córdoba hay unos frailes tan severos que se enfadan cuando la limosna es poca, en lo que no hacen sino seguir al Espíritu Santo, que en sus dones habla de cierta longanimidad. Belén Lárraga y Goicoechea pasaron muy malos ratos queriendo arreglar la tierra de María Santísima, y Napoleón sufrió en ella su primera contrariedad.

Un andaluz de Granada no es lo mismo que un andaluz de Jaén. Córdoba y Sevilla se miran y no se ven. De Sevilla a Huelva hay más distancia que de Wladiblostock a Nueva York. Un gaditano en Almería hizo estos tres versos:

> Estoy de sueño perdío;
> de tanto querer dormirme
> me voy a quedar dormío.

En Málaga se molestan si oyen hablar de Andalucía. No obstante, y aunque no lo quieren saber, no hay cosa que se parezca más a un andaluz que otro andaluz. ¿Por qué? No se sabe. Sería muy interesante comparar al leñador de la Sierra de Segura con el pescador de bocas de la isla en Cádiz, al perchelero con el niño de Triana, al minero de Tharsis con el de la Carolina, al boyero de Sierra Morena con el contrabandista de Tarifa, al hijo del Albaicín con el cordobés. Sin duda que no se parecen, y sin embargo son los mismos. Lo curioso es que, siendo así, no es así, sino todo lo contrario.

Un «angelito» de Morón enferma de idiosincrasia en Andújar; el natural de Úbeda se fastidia en Niebla; uno de Baza y otro de Antequera se «pasman» si se encuentran. Su orgullo de taifas ha sobrevivido al llanto de Boadil, y se juzgan felices en su independencia. Si uno de Andújar oye hablar mal de Andalucía hay que dejarlo solo, porque el niño se transforma en la fiera corrupia; pero si en su divina presencia se habla bien de Marbella o Estepona o Ronda o Pueblo Nuevo del Terrible, hay que amordazarlo, porque Andalucía es él, y «tó» lo demás no es más que lo que él quiere que sea, y en paz.

ANDALUCÍA: EXERGO

Para el extranjero, el Paraíso terrenal no estuvo colocado entre el Eúfrates y el Tigris, sino entre Sierra Morena y el Mulhacén, la Sierra de las Estancias y el Coto de Doñana. Para el español, esos sesenta o setenta mil kilómetros cuadrados son ciertamente algo que vale la pena pensar en ello. Tiene mucho de oasis y más de páramo; la meseta castellana se llama aquí dehesa y las calvas trágicas de la Península cotos y latifundios. Un extranjero hará bien en visitar el Barrio de San Bernardo, contemplar unas sevillanas con su flor en el moño en la Puerta de la Carne, y soñar desde el Giraldillo que tiene a sus pies la ciudad más encantadora del Mundo; a un español se le ocurre, sencillamente, que esa belleza podría ser algo más productiva, sin que por ello sufriera detrimento. La visión de un toro bravo en las riberas del Guadalquivir es una estampa de fortaleza como pocos pueblos de la tierra tienen; pero ese lindo bicho cuesta diabólicamente caro al campesino. Un viaje por el río, desde el puente de Triana hasta Sanlúcar, no es menos bello que el Rhin, y, sin embargo, lo que encanta al viajero desconsuela al colono. La tierra es generosa, espléndida y manirrota; si no fuera así, el labriego cultivaría con más cuidado, ensayaría con mayor audacia y tomaría menos chatos a las puertas de las botillerías. Ese vino andaluz que sabe tan bien lleva muchas lágrimas disueltas en el caldo riquísimo.

El trigo de Osuna hizo ricos a muchos usureros de Rusia, que compraron cosechas a cambio de brillantes, y un pueblo que podría ser un emporio es hoy un cementerio, donde sólo se mueve el picado por la tarántula. En Jerez, la avaricia, las juergas sordas, los gastos de representación y el señoritismo engendraron un monstruo que se llama filoxera; cuando este bicharraco ha segado extensiones que valían más que los campos del oro del Orange, nadie se ha enmendado. El olivo, que es el árbol más amigo del hombre y la gloria de Andalucía, vive como puede, haciendo de tripas corazón, como su amigo. Os detenéis a observar aquellas leguas cultivadas con el árbol precioso y os cuentan de él historias lamentables; al hacerse aristocrático se ha hecho también zángano, y la aceituna sabe a perfume de Corte. En tiempos no lejanos los hombres se disputaban esta buena pieza echando onzas de oro a sus pies; hoy tiene no sé qué enfermedades incurables, cuyas causas sólo saben los potentados. Las montañas son puras piedras preciosas por lo bellas y por lo ricas; de vez en cuando un poeta habla de esa belleza a su gato y su novia, y algún contratista arrasa veinte leguas de árboles. Hay parajes en esas montañas que envidiarían los rincones más bellos de la Europa Central; los andaluces lo saben y dicen: Tenemos paisajes deslumbradores. Y no van a verlos.

La máquina agrícola no falta. Se os enseñan esos divinos artefactos con orgullo encantador, y se añade: No toda Andalucía es una Plaza de Toros o un colmado. En efecto la máquina existe; pero hay un margen, y en ese margen la máquina embarranca; ese margen consiste en que la superproducción no se ve por ningún lado. Lo decís francamente a un lugareño, y dialogáis así.

–Esa máquina venida del Canadá se ha hecho andaluza.

–A todo el que viene aquí le pasa lo mismo.

–Excelsa máquina y poca labor.

–Sí; no cuaja aquí «eso». Además, es mejor que no cuaje.

–¿Por qué?

–Porque todo el producto se va a la Corte.

–Convertido...

–En humo.

Un ganadero muy «salao» llega a un pueblo, a caballo sobre un soberbio bruto y acompañado de unos cromos de Galofre. En el pueblo hay seiscientas familias que viven de las tierras del Partido, las cuales –claro está– disfrutan en arrendamiento. El ganadero pregunta por el Mayordomo de una Casa Ducal que en Palacio quiere ocupar cerca del Rey el puesto que otra Casa Ducal disfruta ya, y el ganadero compra las tierras y el pueblo. El pueblo emigra en masa por el tubo digestivo de Andalucía, el ferrocarril del Sur, y a los pocos días los toros de lidia se comen la cosecha del Partido. Podéis creer que esto es una fantasía, si lo tenéis por conveniente, y hasta regocijaros, porque es un «sucedido» muy pintoresco.

El campesino andaluz es fatalista. Deja hacer. Ha oído, quién sabe dónde, que una Granja agrícola puede salvar, bien dirigida y «alimentada», una comarca entera. Su imaginación se pone en movimiento, revuelve Roma con Santiago, mitinea, se manifiesta, grita, labora, y la Granja es un hecho feliz. Luego sucede esto entre el ingeniero agrónomo y el entusiasta campesino:

–Debéis traerme en saquitos muestra de las tierras cuya producción queréis bonificar.

–¿Para qué?

–Para analizarlas.

El campesino no vuelve más a la Granja ni se acuerda de ella más. ¿Pereza? ¿Resistencia al bien? No; fatalidad. El carácter andaluz está fuertemente acusado. No se doblega nunca a nadie y por nada. Cede ante un negocio en perspectiva o un placer o fuerza mayor. Poco tiempo después ese temperamento recobra su individualidad. De ahí que todos se acepten como son y ofrezcan muchedumbres que tienen todos los rasgos del rebaño, aunque singularmente sean independientes como jabalíes.

En cierta estación etnológica se da una conferencia sobre la «pasteurización» de los vinos. No es posible tema más práctico, más interesante para una comarca vinícola que produce mostos fuertes. Se acude a la conferencia, porque el ingeniero está casado con la prima de una tía segunda del hermano del cacique, y no acudir es peligroso. Se oye. Se sale. Y en la calle se escucha algo parecido a esto:

–Vaya una lata.

–Pues parece que tiene razón.

–Y tanta como tiene; pero todo eso es una lata.

En consecuencia, si vais con ellos a sus bodegas, veis en el patio de abastecimiento carros enormes. Preguntáis:

–¿Vienen por su vino?

–Sí. Se lo llevan. Luego allí de un cántaro hacéis seis.

–Eso lo podría hacer usted aquí si quisiera.

–Ya lo creo. Pero...

–Pero... qué.

–Pues que... es mejor que lo hagan ellos.

Se discute en el salón de un Ayuntamiento cierta subvención para Escuelas. Un abogado joven, que ama a Pestalozzi y Montesinos, pronuncia un discurso que huele a documentación exacta y amplia. Lo bueno es largo, y el jurisconsulto les muestra el problema en todas sus caras. De pronto un ricachón de cara de picador en vacaciones saca un pañuelo, lo mueve a modo de los presidentes de corridas de toros, y dice así:

–Niño, a cambiar de suerte.

¿Creéis que la interrupción indigna? Estáis aviados. La frasecita hace fortuna, provoca risas inacabables, y el pobre joven se sienta desfallecido, triste, sin saber si matar al «tío» o reírse y embrutecerse también.

La gracia mata en Andalucía toda iniciativa, ahoga toda rebelión. Un gracioso hace rápidamente su agosto. No es extraño encontrar hombres que se hicieron ricos por sola su gracia. En la Historia bochornosa de nuestra Política miserable, la gracia ha echado abajo Ministerios, ha dado Carteras, ha salvado responsabilidades y compromisos. El –¡qué tío con gracia!...– es un pasaporte y una cédula de indemnidad. Toda gracia es en su fondo o raíces una muestra de poca vergüenza, una confesión de impotencia, una huida ante un asunto. Suple la convicción, el estudio y la fe. Entierra documentos comprometedores. Embriaga como un vino malo. Y es la causa de que se viva en falso, pues a costa de esa gracia la inteligencia, sólo adiestrada para ella, no encuentra nunca remedios justos. Hija bastarda de la imaginación, arrastra en su favor toda otra cualidad y mata, como el placer, un día cualquiera.

La gracia, la pereza y la indiferencia son una misma cosa. Andalucía tiene muchas cosquillas, es muy nerviosa. Ningún pueblo del mundo debía reír menos que ella, y ninguno ríe tanto. El andaluz, esté donde esté, ve ojos curiosos que esperan; labios entreabiertos, prontos a recoger la gracia. Esa nerviosa asociación de imágenes lejanas que caracteriza el cerebro andaluz crea artistas colosales y ciudadanos detestables, aventureros curiosos y pésimos colaboradores. Esa gracia, que ha llevado hombres a la aristocracia militar y a las Academias, es el baldón y la simpatía, la flor y el veneno de una raza.

ANDALUCÍA: CANTO

La pena es hija natural de la impotencia. Desterrar del alma la tristeza crónica es una hermosa labor porque todo lo conseguirá la amargura menos crear algo vivo. A un poeta se le puede perdonar que llore, si llora bellamente, y un músico puede hacer gemir la orquesta, si la entiende, de modo magistral. Mas hacer de la pena, la tristeza y la amargura flores de raza, frutos de región, es condenarlas a muerte en breve plazo, o a idiotez incurable. Esa unión funesta y morbosa de la pena y la gracia, la voluptuosidad y la tristeza, la amargura y el valor, sólo puede conducir a la filoxera, la tarántula, la emigración, el histerismo y el tifus endémico. La lectura de las obras de Caballería en el siglo XVI nada tenía aparentemente peligroso; sin embargo, fue preciso que Don Quijote probase, a costa de su cerebro y su vida, que el valor no está en los actos, sino en la conciencia; no se muestra en las calles, sino en la conducta; no es andariego, sino que la evita el entuerto y el daño estudiando las causas. Nos indigna que los galeotes libertados le apedreen, y nos hace reír que unos Duques «graciosos» se diviertan arrojando a la cabeza del anciano caballero andante una cuerda de gatos enfurecidos. Nuestra pena es agresiva porque vivimos descontentos de nosotros mismos. El mucho afán de diversión entraña el remordimiento por el tiempo así perdido, y la gracia, cuando llora, crea la pena, como ésta engendra a su vez la desesperación, que en Andalucía toma la forma de pereza burlona y es en Castilla pereza contemplativa.

Una colección de coplas andaluzas, cuidadosamente expurgadas de los millones de copias que han inspirado, sería el libro pesimista más tenebroso que la Humanidad haya imaginado nunca. Ellas han sembrado la dulcísima tierra de toda clase de alimañas en vez de semillas. Lo que en otra parte ni crece ni medra, allí vive bien. Es un medio singular al que todos pueden adaptarse y que nadie se atreve a cambiar. La vida es fácil y difícil, todo a un tiempo. El pordiosero y el señorito beben en un mismo vaso el vino lleno de lágrimas, y al despedirse, el mendigo compadece al opulento y éste le envidia a él. La hospitalidad es africana, y nada más distante que el abismo abierto entre casa y casa, entre clase y clase. Como entre los gitanos, todos son compadres, y el odio familiar no llega en sitio alguno de España a su intensidad y a su constancia. La palabra «madre» es el sentimiento más fuerte andaluz, y tal vez no hay en España prostitución pública y oculta mayor. La abundancia de mujeres hermosas, el estado de precaria defensa intelectual que entrega a la existencia hembras bellas y no mujeres fuertes, las posturas y fanfarronería del hombre, todo contribuye a que la selección sea rápida y la afinidad brutal. En las mismas coplas populares se examina el error de esos matrimonios o coyundas. De cada seis cantares, tres hablan de adulterios, de fornicaciones, de desvíos, de impedimentos, de infidelidades. Si allí el hombre tiene poco precio y cada litro de sangre no vale lo que uno de vino, calculad la mujer. Es un país duro, que no se rinde sino al vicio; pero a éste se entrega entero, sin reservas, hasta que, enlodado o inútil para insistir, le recrimina en sus canciones, en sus gracias y burlas. Sus hombres-genios, sus hombres-grúas, no aciertan sino a rociarle de alabanzas. Se siente adulado. Le gusta que le hurguen. La verdad le hace daño, porque sólo ama lo que tiene forma, y si es carne, mejor. Las aguas son malas, poca la manutención, mucho el vino, millares los poetas, centenares los que, fracasados en mil negocios, vienen a discurrir simulaciones perniciosas; de todo ello ha surgido un culto estúpido a lo mismo que los destroza, y si es capaz de asimilar pronto, más rápidamente se despoja de ello. Se quiere a sí mismo sobre todas las cosas y se engaña con el prurito infantil de ahorrarse reflexión y desfallecimientos. Toma las cosas como son y cree influir en ellas, porque juzga que podría cambiarlas en un momento dado. Si alguien pone en duda esa potestad, se ha creado un enemigo. Con facilidad los sentimentalismos hacen charcas, y esto es lo que sucede en esa tierra, sobre la que irradia un diluvio de luz. En esas charcas se crían sapos que luego se convierten en tiranos.

JOSÉ ORTEGA Y GASSET

TEORÍA DE ANDALUCÍA

Los dos artículos que componen la *Teoría de Andalucía*, de José Ortega y Gasset (1883-1955), fueron publicados por el periódico *El Sol* en abril de 1927; más tarde, esos textos fueron recogidos en un volumen titulado *Teoría de Andalucía y otros ensayos, Revista de Occidente*, Madrid, 1942. Hubo otra edición independiente en 1944, que en adelante fue incorporada a las sucesivas ediciones de *Obras completas.* Ya en la edición de 1942, Ortega juntó a la *Teoría de Andalucía* los artículos de 1921 que figuraban acogidos al título de «Meditación de Don Juan», probablemente tras comprobar la complementariedad existente entre unas y otras cuestiones, sobre todo en el caso del epígrafe «Aire barroco».

PRELUDIO

Durante todo el siglo XIX, España ha vivido sometida a la influencia hegemónica de Andalucía. Empieza aquella centuria con las Cortes de Cádiz; termina con el asesinato de Cánovas del Castillo, malagueño, y la exaltación de Silvela, no menos malagueño. Las ideas dominantes son de acento andaluz. Se pinta Andalucía –un terrado, unos tiestos, cielo azul–. Se lee a los escritores meridionales. Se habla a toda hora de la «tierra de María Santísima». El ladrón de Sierra Morena y el contrabandista son héroes nacionales. España entera siente justificada su existencia por el honor de incluir en sus flancos el trozo andaluz del planeta. Hacia 1900, como tantas otras cosas, cambia ésta. El Norte se incorpora. Comienza el predominio de los catalanes, vascongados, astures. Enmudecen las letras y las artes del Sur. Mengua el poder político de personajes andaluces. El sombrero de catite y el pavero ceden a la boina. Se construyen casitas vascas por todas partes. El español se enorgullece de Barcelona, de Bilbao y de San Sebastián. Se habla del hierro vizcaíno, de las Ramblas y del carbón astur.

Son curiosas estas pendulaciones del centro de gravedad español entre su mitad alta y su mitad baja, y resultaría interesante perseguir hacia atrás la historia de ese ritmo oscilatorio averiguando si existe alguna periodicidad que permita articular toda nuestra historia en épocas norteñas y épocas andaluzas.

Lo cierto es que en este momento puede advertir el perspicaz un comienzo de depresión en el Norte peninsular. ¿Es que siente menos bríos, menos fe en sí mismo, en sus virtudes peculiares, en su estilo de vida, en su capacidad? ¿O es, simplemente, que la totalidad España ha llegado a saturarse de influencia septentrional? Probablemente se trata de lo uno y lo otro. Yo no sé qué experiencia imprecisa, pero fuerte, me hace sospechar que la pujanza de cada individuo y cada colectividad no es una cantidad absoluta que dependa sólo de ellos, sino una función de la pujanza existente en los demás. Según esto, puede un pueblo decaer no por defecto o insuficiencia propios, sino, simplemente, por el hecho de ascender otros pueblos próximos. Y, viceversa, tonificarse una nación por efecto de deprimirse las vecinas. Por lo menos, es ahora evidente que, en el orden económico, la relativa mengua de Cataluña, Vasconia y Asturias coincide con el crecimiento de la riqueza andaluza. Todavía no hay síntomas perceptibles de que a ésta acompañe un resurgimiento intelectual o moral, y fuera acaso la expresión más exacta decir que en esta hora se halla España indiferente frente a Norte y Sur. Pero no es verosímil que perdure esta indecisión. Se trata, sin duda, de una fase transitoria pronta a terminar o en una recaída sobre el Norte o en un nuevo entusiasmo por Andalucía.

Claro es que este retorno a lo andaluz –si aconteciera– implicará una visión de Andalucía completamente distinta de la que tuvieron nuestros padres y abuelos. No hay probabilidad de que nos vuelva a conmover el *cante hondo*, ni el contrabandista, ni la presunta alegría del andaluz. Toda esta quincalla meridional nos enoja y fastidia.

Lo admirable, lo misterioso, lo profundo de Andalucía está más allá de esa farsa multicolor que sus habitantes ponen ante los ojos de los turistas. Porque es de advertir que el andaluz, a diferencia del castellano y del vasco, se complace en darse como espectáculo a los extraños, hasta el punto de que en una ciudad tan importante como Sevilla tiene el viajero la sospecha de que los vecinos han aceptado el papel de comparsas y colaboran en la representación de un magnífico *ballet* anunciado en los carteles con el título «Sevilla». Esta propensión de los andaluces a representarse y ser mimos de sí mismos revela un sorprendente narcisismo colectivo. Sólo puede imitarse a sí mismo el que es capaz de ser espectador de su propia persona, y sólo es capaz de esto quien se ha habituado a mirarse a sí mismo, a contemplarse y deleitarse en su propia figura y ser. Esto, que produce a menudo el penoso efecto de hacer amanerado al andaluz, a fuerza de subrayar deliberadamente su propia fisonomía y ser en cierto modo dos veces lo que es, demuestra, por otra parte, que es una de las razas que mejor se conocen y saben a sí mismas. Tal vez no haya otra que posea una conciencia tan clara de su propio carácter y estilo. Merced a ello le es fácil mantenerse invariablemente dentro de su perfil milenario, fiel a su destino, cultivando su exclusiva cultura.

Uno de los datos imprescindibles para entender el alma andaluza es el de su vejez. No se olvide. Es, por ventura, el pueblo más viejo del Mediterráneo –más viejo que griegos y romanos–. Indicios que se acumulan nos hacen entrever que antes de soplar el viento de los influjos históricos desde Egipto y, en general, desde el Mediterráneo oriental hacia el occidental, había reinado una sazón de ráfagas opuestas. Una corriente de cultura, la más antigua de que se tiene noticia, partió de nuestras costas y, resbalando sobre el frontal de Libia, salpicó los senos de Oriente.

Cuando veáis el gesto frívolo, casi femenil, del andaluz, tened en cuenta que repercute casi idéntico en muchos miles de años; por tanto, que esa tenue gracilidad ha sido invulnerable al embate terrible de las centurias y a la convulsión de las catástrofes. Mirado así, el gestecito del sevillano se convierte en un signo misterioso y tremendo, que pone escalofríos en la medula. Una impresión parecida a la que produce la sonrisa enigmática del chino –¡rara coincidencia!–, el otro pueblo vetustísimo, apostado desde siempre en el opuesto extremo del macizo eurasiático.

No perturbe demasiado al lector esta súbita aparición de China en el preludio de un ensayo sobre Andalucía. Si es andaluz, detenga un momento su irritación y concédame algún margen para justificar el paralelo. La comparación es el instrumento ineludible de la comprensión. Nos sirve de pinza para capturar toda fina verdad, tanto más fina cuanto más dispares se alejen los brazos de la pinza, los términos del parangón. No haya cuidado de que este audaz emparejamiento se complazca en el síntoma de que el torero y el mandarín usan coleta. Ni la coleta del mandarín es china, sino manchúe, ni la del torero andaluza, sino francesa.

Andalucía, que no ha mostrado nunca pujos ni petulancias de particularismo; que no ha pretendido nunca ser un Estado aparte, es, de todas las regiones españolas, la que posee una cultura más radicalmente suya. Entendamos por cultura lo que es más discreto: un sistema de actitudes ante la vida que tenga sentido, coherencia, eficacia. La vida es primeramente un conjunto de problemas esenciales a que el hombre responde con un conjunto de soluciones: la cultura. Como son posibles muchos conjuntos de soluciones, quiere decirse que han existido y existen muchas culturas. Lo que no ha existido nunca es una cultura absoluta, esto es, una cultura que responda victoriosamente a toda objeción. Las que el pasado y el presente nos ofrecen son más o menos imperfectas: cabe establecer entre ellas una jerarquía, pero no hay ninguna libre de inconvenientes, manquedades y parcialidad. La cultura única y propiamente tal es sólo un ideal y puede definírsela como Aristóteles la Metafísica o ciencia única, a la cual llama «la que se busca».

Y es curioso advertir que cada cultura positiva consigue resolver cierto número de cuestiones vitales mediante el previo abandono y renuncia a resolver las restantes. De suerte que del defecto ha hecho una virtud, y si ha logrado algo o mucho ha sido por aceptar alegremente su carácter fragmentario. Ya veremos cómo la cultura andaluza vive de una heroica amputación; precisamente de amputar todo lo heroico de la vida –otro rasgo esencial en que coincide con la China.

Una y otra tienen una raíz común, que en este caso es menos metafórica, porque, como las auténticas raíces, se hinca en el campo. Son culturas campesinas.

Si viajamos por Castilla no encontraremos otra cosa que labriegos laborando sus vegas, oblicuos sobre el surco, precedidos de la yunta, que sobre la línea del horizonte adquiere proporciones monstruosas. Sin embargo, no es la castellana actual una cultura campesina: es simplemente agricultura, lo que queda siempre que la verdadera cultura desaparece. La cultura de Castilla fue bélica. El guerrero vive en el campo, pero no vive del campo –ni material ni espiritualmente–. El campo es para él campo de batalla: incendia la cosecha del agricultor pacífico, o bien la requisa para beneficio de sus soldados y bestias beligerantes. El castillo agarrado al otero no es, como la alquería o cortijo, lugar para permanecer, sino, como el nido del águila, punto de partida para la cacería y punto de abrigo para la fatiga. La vida del guerrero no es permanente, sino móvil, andariega, inquieta por esencia. Desprecia al labriego, lo considera como un ser inferior, precisamente porque no se mueve, porque es *manente* –de donde *manant*–, porque vive adscrito al cortijo o *villa* –de donde *villano*–. El sentido peyorativo de estos dos vocablos es un precipitado de desdén que mide el antagonismo entre dos culturas, ambas ocurrentes en el área campesina, pero de signo inverso: la bélica y la agraria. Cuando el guerrero se fue de Castilla quedó sólo la masa inferior sobre que él vivía: el rústico eterno, informe, sin estilo, igual en todas las partes.

Esta contraposición dibuja con alguna claridad el sentido positivo y creador que doy al término cuando de la andaluza digo que es una cultura campesina, es decir, agraria. No es lo peculiar de ésta que el hombre cultive el campo, sino que de la agricultura hace principio e inspiración para el cultivo del hombre.

Al revés que en Castilla, en Andalucía se ha despreciado siempre al guerrero y se ha estimado sobre todo al *villano*, al *manant*, al señor del cortijo. Exactamente como en China, donde, a lo largo de miles de años, el militar, por el mero hecho de serlo, era considerado como un hombre de segunda clase. Mientras en Occidente fue la espada del Emperador símbolo supremo del Estado, en China la nación se sintió resumida en el pacífico abanico de su Emperador.

Consecuencia de este desdén a la guerra es que Andalucía haya intervenido tan poco en la historia cruenta del mundo. El hecho es tan radical, tan continuado, que de puro evidente no se ha subrayado nunca. ¿Qué papel ha sido el de Andalucía en este orden de la Historia? El mismo de China. Cada trescientos o cuatrocientos años invaden la China las hordas guerreras de las crudas estepas asiáticas. Caen feroces sobre el pueblo de los Cien Nombres, que apenas o nada resiste. Los chinos se han dejado conquistar por todo el que ha querido. Al ataque brutal oponen su blandura: su táctica es la táctica del colchón: ceden. Tanto, que el feroz invasor no encuentra fuerza donde apoyar su ímpetu y cae por sí mismo en el colchón –en la deliciosa blandura de la vida china–. El resultado es que, a las dos o tres generaciones, el violento manchú o mongol queda absorbido por la vieja y refinada y suavísima manera del chino, tira la espada y empuña el abanico.

Parejamente, Andalucía ha caído en poder de todos los violentos mediterráneos, y siempre en veinticuatro horas, por decirlo así, sin ensayar siquiera la resistencia. Su táctica fue ceder y ser blanda. De este modo acabó siempre por embriagar con su delicia al áspero ímpetu del invasor. El olivo bético es símbolo de la paz como norma y principio de cultura[1].

EL IDEAL VEGETATIVO

Vive el andaluz en una tierra grasa, ubérrima, que con mínimo esfuerzo da espléndidos frutos. Pero además el clima es tan suave, que el hombre necesita muy pocos de estos frutos para sostenerse sobre el haz de la vida. Como la planta, sólo en parte se nutre de la tierra, y recibe el resto del aire cálido y la luz benéfica. Si el andaluz quisiera hacer algo más que sostenerse sobre la vida, si aspirase a la hazaña y la conducta enérgica, aun viviendo en Andalucía tendría que comer más y, para ello, gastar mayor esfuerzo. Pero esto sería dar a la existencia una solución estrictamente inversa de

1. La otra gran cultura agraria que ha existido, la del antiguo Egipto, repite el fenómeno de China y Andalucía. Las conquistas de los Tutmés, y Ramsés fueron hechas con soldados extranjeros.

la andaluza. Mientras creamos haberlo dicho todo cuando acusamos al andaluz de holgazanería seremos indignos de penetrar el sutil misterio de su alma y cultura.

Se dice pronto «holgazanería», aunque es una palabra bastante larga. Pero el andaluz lleva unos cuatro mil años de holgazanería, y no le va mal. En vez de afrontar el hecho con pedante ademán de maestro de escuela y atribuir a este pueblo viejísimo la nota de pereza como una calificación escolar, mejor será que abramos bien los ojos y agucemos la mente a fin de entenderlo. Corremos si no el riesgo imprevisto de enaltecer la holgazanería, puesto que ha hecho posible la deleitable y perenne vida andaluza.

La famosa holgazanería del andaluz es precisamente la fórmula de su cultura. Como he indicado ya, la cultura no consiste en otra cosa que en hallar una ecuación con que resolvamos el problema de la vida. Pero el problema de la vida se puede plantear de dos maneras distintas. Si por vida entendemos una existencia de máxima intensidad, la ecuación nos obligará a aprontar un esfuerzo máximo. Pero reduzcamos previamente el problema vital, aspiremos sólo a una *vita minima*: entonces, con un mínimo esfuerzo, obtendremos una ecuación tan perfecta como la del pueblo más hazañoso. Este es el caso del andaluz. Su solución es profunda e ingeniosa. En vez de aumentar el *haber*, disminuye el *debe*; en vez de esforzarse para vivir, vive para no esforzarse, hace de la evitación del esfuerzo principio de su existencia.

Sería, pues, un error suponer, sin más ni más, que el sevillano renuncia a vivir como un inglés de la *City* porque es incapaz de trabajar tanto como él. Aunque sin trabajo y como mágica donación se le ofreciese tal régimen de vida, lo rechazaría con horror. Podrá en el andaluz ser la pereza *también* un defecto y un vicio; pero, antes que vicio y defecto, es nada menos que su ideal de existencia. Esta es la paradoja que necesita meditar todo el que pretenda comprender a Andalucía: la pereza como ideal y como estilo de cultura. Si sustituimos el vocablo pereza por su equivalente «mínimo esfuerzo», la idea no varía, y cobra, en cambio, un aspecto más respetable.

Venimos de una época que, más que otra ninguna de la Historia, ha hecho del máximo esfuerzo su ideal de vida, y nos resulta difícil comprender una actitud vital tan opuesta a la nuestra. Interpretamos, desde luego, la pereza como una simple negación, como un puro no hacer. Pero no exageremos la indolencia de los andaluces. A la postre, vienen a hacer todo lo que es necesario, puesto que Andalucía existe, y su pereza no excluye por completo la labor, sino que es más bien el sentido y el aire que adopta su trabajo. Es un trabajo inspirado por la pereza y dirigido a ella, que tiende, por tanto, a ser en todo orden el mínimo, como si se avergonzase de sí mismo. Este cariz aparece sobremanera claro si recordamos la forma petulante, ostensiva, desmesurada, que suele tomar el trabajo en los pueblos que hacen de él su ideal.

Después de todo, como decía Federico Schlegel, es la pereza el postrer residuo que nos queda del Paraíso, y Andalucía el único pueblo de Occidente que permanece fiel a un ideal paradisíaco de la vida. Hubiera sido imposible tal fidelidad si el paisaje en que está alojado el andaluz no facilitase ese estilo de existencia. Pero no se recaiga en la explicación trivial que considera a una cultura como efecto mecánico del medio.

Para el hombre que llega del Norte es la luminosidad y gracia cromática de la campiña andaluza un terrible excitante que le induce a una vida frenética[2]. Esto le lleva a suponer que la existencia andaluza sería también frenética si la indolencia no la deprimiese. Imagina que este pueblo posee una gran vitalidad, y cuando ve pasar a las sevillanas de ojos nocturnos, presume en sus almas magníficas pasiones y extremados incendios. ¡Grande error! No cae en la cuenta de que el andaluz aprovecha en sentido inverso las ventajas de su «medio». El pueblo andaluz posee una vitalidad mínima, la que buenamente le llega del aire soleado y de la tierra fecunda. Reduce al mínimo la reacción sobre el medio porque no ambicio-

2. Cuenta Chateaubriand que al llegar los cien mil hijos de San Luis a la divisoria de Sierra Morena y descubrir súbitamente la campiña andaluza les produjo tal efecto el espectáculo, que espontáneamente los batallones presentaron armas a la tierra maravillosa.

na más y vive sumergido en la atmósfera deliciosa como un vegetal.

La vida paradisíaca es, ante todo, vida vegetal. Paraíso quiere decir vergel, huerto, jardín. Y la existencia de la planta se diferencia de la animal en que aquélla no reacciona sobre el contorno. Es pasiva al medio. Con sus raíces recibe el nutrimento telúrico, con sus hojas bebe del sol y del viento. No hace nada. Vivir, para ella, es a un tiempo recibir de fuera el sustento y gozarse al recibirlo. El sol es a la par alimento y caricia en la manecita verde de la hoja. En el animal se separan más la sustentación y la delectación. Tiene que esforzarse para lograr el alimento, y luego, con funciones diversas de ésta, buscarse sus placeres. Cuanto más al Norte vayamos más disociados encontraremos esos dos haces de la vida. Pues bien: a un andaluz le parecen igualmente absurdas en el inglés o el alemán la manera de trabajar y la manera de divertirse, ambas sin mesura desintegrada la una de la otra. Por su parte, prefiere trabajar poco y también divertirse sobriamente, pero haciendo a la vez lo uno y lo otro, infusas las dos operaciones en un gesto único de vida que fluye suavemente, sin interrupciones ni sobresaltos, como un perfecto *adagio cantabile*. Diríase que en la vida andaluza, la fiesta, el domingo, rezuma sobre el resto de la semana e impregna de festividad y dorado reposo los días laborables. Pero también, viceversa, la fiesta es menos orgiástica y exclusiva, el domingo más lunes y más miércoles que en las razas del Norte. Sevilla sólo es orgiástica para los turistas del Septentrión; para los nativos es siempre un poco fiesta y no lo es del todo nunca.

Al fijarla sobre Andalucía, nuestra pupila se deslumbra y cree ver una escena de exaltación. Pero aguardemos un poco que pase esa impresión superficial. Pronto descubriremos que la vida andaluza excluye toda exaltación y se caracteriza por el fino cuidado de rebajar un tono lo mismo la pena que el placer.

Lo que subraya y antepone es precisamente el tono menor de la vida, el repertorio de mínimas y elementales delicias que pueden extenderse, sin altos ni bajos, con perfecta continuidad, por toda la existencia. En el Paraíso no se comprenden goces intensos, concentrados frenéticamente en puntos del tiempo, a que siguen horas de vacío o de amargor. El vegetal paradisíaco goza mínimamente, pero sin discontinuidad: goza de tener su follaje bajo el baño térmico del sol, de mecer sus ramas al venteo blando, de refrescar su medula con la lluvia pasajera. Pues bien: aunque parezca mentira al hombre del Norte, hay todavía en este rincón del planeta millones de seres humanos para quienes la delicia básica de la vida es, en efecto, gozar de la temperie deleitable. Es indecible cuánta fruición extrae el andaluz de su clima, de su cielo, de sus mañanitas azules, de sus crepúsculos dorados. Sus placeres no son interiores, ni espirituales, ni fundados en supuestos históricos. De todo esto ha aceptado el mínimo que la presión de la época le imponía. Pero la raíz de su ser sigue sumergida en esa delicia cósmica, elemental, segura, perdurable. El andaluz tiene un sentido vegetal de la existencia y vive con preferencia en su piel. El bien y el mal tienen ante todo un valor cutáneo: bueno es lo suave, malo lo que roza ásperamente. Su fiesta auténtica y perenne está en la atmósfera, que penetra todo su ser, da un prestigio de luz y de ardor a todos sus actos y es, en suma, el modelo de su conducta. El andaluz aspira a que su cultura se parezca a su atmósfera[3].

Vive, pues, este pueblo referido a su tierra, adscrito a ella en forma distinta y más esencial que otro ninguno. Para él, lo andaluz es primariamente el campo y el aire de Andalucía. La raza andaluza, el andaluz mismo, viene después; se siente a sí mismo como el segundo factor, mero usufructuario de esa delicia terrena, y en este sentido, no por especiales calida-

3. Espero que se me entienda bien. No se trata neciamente de censurar al andaluz suponiendo que no hace más que vegetar. Mi idea es que su cultura –por tanto su actividad «espiritual»– exalta y pule el plano vegetativo de la existencia. De aquí, entre otros muchos detalles, la tierna amistad del andaluz con el vegetal, con el productivo y con el superfluo, con la vid y con la flor. Cultiva el olivar, pero también el tiesto. En cuanto a la alimentación, la sensiblería socialista nos ha hecho notar innumerables veces que el gañán del campo andaluz no come apenas y está atenido a una simple dieta de gazpacho. El hecho es cierto y, sin embargo, la observación es falsa porque es incompleta. Sería más verídica si añadiese que en Andalucía come poco y mal todo el mundo, no sólo el pobre. La cocina andaluza es la más tosca, primitiva y escasa de toda la Península. Un jornalero de Azpeitia come más y mejor que un ricacho de Córdoba o Jaén. Hasta en esto imita el andaluz al vegetal: se alimenta sin comer, vive de la pura inmersión en tierra y cielo. Lo mismo el chino.

des humanas, se cree un pueblo privilegiado. Todo andaluz tiene la maravillosa idea de que ser andaluz es una suerte loca con que ha sido favorecido. Como el hebreo se juzga aparte entre los pueblos porque Dios le prometió una tierra de delicias, el andaluz se sabe privilegiado porque, sin previa promesa, Dios le ha adscrito al rincón mejor del planeta. Frente al hombre de la tierra prometida, es el hombre de la tierra regalada, el hijo de Adán, a quien ha sido devuelto el Paraíso.

Conviene insistir sobre esta raíz primaria del alma andaluza que es el peculiar entusiasmo por su trozo de planeta. Y véase cómo empieza a dibujarse el sentido positivo que encierra mi diagnóstico de la cultura andaluza como cultura campesina. La unión del hombre con la tierra no es aquí un simple hecho, sino que se eleva a relación espiritual, se idealiza y es casi un mito. Vive de su tierra no sólo materialmente, como todos los demás pueblos, sino que vive de ella en idea y aun en ideal. El gallego lejos del terruño siente morriña; el asturiano y el vasco viven doloridos lejos de sus valles angostos y humeantes. Sin embargo, su nexo con la campiña maternal es ciego, como físico, sin sentido de espíritu. En cambio, para el andaluz, que no siente en la ausencia esas repercusiones mecánicas del sentimiento, es vivir en Andalucía el ideal, consciente ideal. Y, viceversa, mientras un gallego sigue siendo gallego fuera de Galicia, el andaluz trasplantado no puede seguir siendo andaluz; su peculiaridad se evapora y anula. Porque ser andaluz es convivir con la tierra andaluza, responder a sus gracias cósmicas, ser dócil a sus inspiraciones atmosféricas.

Este ideal –la tierra andaluza como ideal– nos parece a nosotros, gentes más del Norte, demasiado sencillo, primitivo, vegetativo y pobre. Está bien. Pero es tan básico y elemental, tan previo a toda otra cosa que el resto de la vida, al producirse sobre él, nace ya ungido y saturado de idealidad. De aquí que toda la existencia andaluza, especialmente los actos más humildes y cotidianos –tan feos y sin espiritualizar en los otros pueblos–, posea ese divino aire de idealidad que la estiliza y recama de gracia. Mientras otros pueblos valen por los pisos altos de su vida, el andaluz es egregio en su piso bajo: lo que se hace y se dice en cada minuto, el gesto impremeditado, el uso trivial.

Pero también es verdad lo contrario: este pueblo, donde la base vegetativa de la existencia es más ideal que en ningún otro, apenas si tiene otra idealidad. Fuera de lo cotidiano, el andaluz es el hombre menos idealista que conozco.

MEDITACIÓN DE DON JUAN

La figura de Don Juan es uno de los máximos dones que ha hecho al mundo nuestra raza. No obstante, en los últimos tiempos los españoles la han desatendido y dejan que se anquilose en las guardarropías de los teatros populares. Entre tanto ausente de la tierra natal, Don Juan, que fue siempre un vagabundo, vive emigrante en París, en Londres, en Berlín. Mejor o peor tratado, sigue blasfemando y seduciendo en francés, en inglés, en alemán. Lo que ahora ofrezco al lector es un ensayo de repatriar al turbulento personaje y una invitación a los mejores para que dirijan sobre él su atención.

METODOLOGÍA

Don Juan no es un hecho, un acontecimiento, que es lo que fue de una vez para siempre, sino un tema eterno propuesto a la reflexión y a la fantasía. No es una estatua que puede sólo ser reproducida, sino una cantera de que cada cual arranca su escultura. Este, como los otros grandes símbolos emanados de la sensibilidad humana, tiene un inmortal poder de germinación, y de una humilde simiente puede crecer pomposo hasta cubrir con su fronda toda una época. Pero el tema «Don Juan», oriundo de España, destinado a ser pulido y perfeccionado en manos españolas, se halla hoy en un estadio de evolución atrozmente primario si se le compara con sus otros hermanos de Occidente, Fausto y Hamlet, por ejemplo. ¡Triste sino de nuestras cosas más egregias, quedar siempre primitivas, con su gesto inicial y tosco, esperando un temperamento generoso capaz de imbuir en la torpe crisálida un alado afán de mariposa! Todavía durante mucho tiempo cualquier intento de proyectar sobre la leyenda de Don Juan una interpretación de alto y esencial giro parecerá un error y se sentirá una morbosa fruición recayendo en fórmulas más elementales y de arcaica estructura.

Como el de Don Juan, fue originariamente el cuento de Fausto una conseja medieval, un ejemplo edificante de simplicísimo contenido: el sabio decrépito e impío que, sintiendo próxima la muerte, compra al diablo con su alma una nueva juventud y una primavera más para el placer. Tan sencillo germen es llevado por Goethe a sus últimas consecuencias, y nos aparece mágicamente transfigurado en un gigantesco poema filosófico, en un canto universal, donde a toda realidad cardinal se concede voz, sonrisa y lamento. Y, sin embargo, esta expansión incalculable no fue sentida por los lectores primeros del *Fausto* como una infidelidad al viejo tema legendario, que hubiera sido engrosado con materias forasteras y bajo ellas quedase sepulto, sino, al contrario, vióse desde luego que la humilde fabulilla, como un punto elástico, se había dilatado por su propio dinamismo, desarrollando todos sus miembros, estirando sus íntimos resortes. Precisamente para ser hoy fieles al cuento que contaba el hombre medieval, tenemos que contarlo de otro modo, porque nuestra alma se ha hecho más compleja, las palabras se han cargado con diferente contenido y el mundo que nos rodea muestra un gesto distinto.

De esta suerte, las figuras simbólicas son a modo de seres vivos que sufren la vicisitudes de los tiempos, cambian con ellos, degeneran y madurecen, tomando el vario cariz de las almas humanas que en ellos se proyectan, como las lagunas toman su color de los cielos peregrinos que pasan sobre ellas resbalando o bajan a beber de sus aguas.

La norma según la cual ha de hacerse progresar un tema como el de Don Juan no es difícil de descubrir. Cada nueva época significa la conquista que el hombre hace de una noción más complicada y exacta de lo que las cosas son y de lo que deben ser, de la realidad y del ideal. Pues bien, el tema tradicional deberá ser sometido a las exigencias de ese nuevo y más riguroso conocimiento. Sólo así tendrá para esa época sentido, y esto –tener sentido– es lo que diferencia a un símbolo, a una creación ideológica o estética de los hechos vulgares que traman la existencia y se yuxtaponen los unos a los otros simplemente porque han acontecido unos tras otros. Ha de verse, pues, en los temas simbólicos todo lo contrario que caprichos o secuencias de hechos fortuitos. Son sublimes teoremas que descubre la sensibilidad humana, en los cuales cada elemento es necesario y requerido por los demás. Por esto no debe extrañar que la fidelidad misma obligue en ocasiones a eliminar de la tradición rasgos perturbadores y, a veces, a volver trozos de ella del revés.

Así, la leyenda de Don Juan empieza por ser un ejemplo devoto en que se narra de un hombre frívolo, concupiscente e impío, que en hora tardía, sobrecogido por el castigo de una visión, se convierte y sucumbe. Al cerebro medieval que la imagina y al que la escucha, les importa sólo el castigo y la conversión, que eran la faena divina. Todo lo antecedente, la vida de Don Juan y su carácter, es para ellos despreciable, un valor negativo, frivolidad, pecado, concupiscencia. Mas hoy, si empleamos la palabra conversión, no como un mero ruido, sino con toda la plenitud de su significado, nos encontramos delante de un complejo problema psicológico. Es la conversión un súbito cambio del centro de gravedad en un alma que hasta ahora gravitaba hacia un ideal y de pronto se polariza íntegramente hacia otro, acaso opuesto. Sabemos hoy que este fenómeno se produce no sólo como aventura religiosa, sino en las direcciones más diversas, y sabemos también que no se produce en un temperamento cualquiera, sino sólo en ciertas almas selectas, de densa fibra y noble pulso. Consecuencia de ello es que Don Juan pecador nos parezca un ente despreciable, que no podamos admitir en él una vulgar frivolidad, que su concupiscencia y devaneos adquieran a nuestro ojos un matiz grave y trágico, y que en el rodar de sus carcajadas percibamos resonancias de esenciales dolores humanos.

Lo propio acontece si se nos dice que fue Don Juan un botarate fanfarrón que se empecina en negar la excelencia de todo ideal y norma, hasta que se siente aplastado por la divina mano vengadora. Porque, una de dos: o Don Juan niega a ciegas, porque sí, el valor de todo lo excelso, y entonces su negación carece de sentido, no es ni negación y no merece el trabajo que Dios se toma triturándolo con su pulgar omnipotente, o niega todo lo que no es su capricho con plena conciencia, después de haber mirado de hito en hito los soberanos perfiles de los ideales. Sólo en este caso tiene sentido su negación, sólo entonces es verdaderamente un acto espiritual, digno de premio o castigo, y no un mero gesto infrahumano exento de toda sugestión filosófica. Es preciso, pues, repensar hasta su raíz profunda ese heroísmo negativo de Don Juan; tal vez, explorándolo hasta su trémulo manantial, obtengamos la grave revelación de que, en rigor, todo ideal, por perfecto que sea, tiene alguna insuficiencia que le hace incongruente con nuestro corazón y, por tanto, susceptible de ser heroicamente negado.

Pero entonces Don Juan no es un botarate, sino terrible símbolo de una simiente trágica que, más o menos incubada, llevamos dentro todos los hombres: la sospecha de que nuestros ideales son mancos e incompletos, frenesí de una hora embriagada que culmina en desesperación, embarque jovial que una vez y otra hacemos en naves empavesadas, las cuales siempre al cabo periclitan.

Por las mismas razones –y no obstante mi mejor voluntad–, me es imposible aceptar dentro de esta interpretación de Don Juan que ahora aventuro la extraña ocurrencia de Zorrilla y otros dramaturgos y comentadores que le dejan malignamente desvencijarse en las más truculentas aventuras para darse el gusto, a la postre, de hacerle descubrir en Doña Inés, por vez primera, una mujer enamorada. ¿No hubiera sido más sencillo y discreto hacerle pasar, desde luego, por tan usada experiencia y adquirir esa humilde sabiduría? La idea de que precisamente Don Juan ignora la capacidad de generoso apasionamiento insita en la mujer se resiste con ademanes violentos a ingresar en mi espíritu. Y esto por varios motivos. En primer lugar, si Don Juan no ha tropezado en la vida más con que hembras casquivanas y audaces rameras, no veo por qué se le apunta como crimen haber huido de todas con pie ágil. El pecador, en este caso, es el dramaturgo o el comentarista, que no ha tenido la benevolencia de correr al primer acto de la vida donjuanesca ese encuentro salvador con Doña Inés; antes bien, se ha complacido en despeñar al caballero por una insólita quebrada.

Pero, además, revela esta extraña ocurrencia cierto grave desconocimiento de las condiciones arriba aludidas, en que se plantea la cuestión de idear una figura simbólica. Si queremos construir una existencia significativa, habremos de reducir en ella al mínimum los componentes de azar. Es preciso que su trayectoria se desarrolle empujada por una rigorosa necesidad y avance, como un astro espiritual, por una órbita gobernada según leyes ineludibles de la psicología humana. Que un hombre como Don Juan, tan amigo de andar entre faldas, tarde tanto en descubrir el latido amoroso de la mujer, es un caso insólito, una infrecuente casualidad, que excluiría de su biografía todo valor representativo. La fama anónima, más certera que esos autores, ha concentrado simbólicamente en Don Juan el misterioso don de enamorar a la mujer, que en variadas dosis se halla repartido por todos los varones. Cuanto mejor sea la suerte de nuestro personaje en este punto y más clara su conciencia del fervor femenino, más agudamente, más hondamente, más esencialmente quedará planteado el problema del erotismo. Una tragedia no puede nunca emerger de la limitación desventurada o el triste vicio que, por azar, padece un hombre, sino engendrarse en alguna limitación esencial que sea inseparable de la condición humana.

Por esto, yo no me siento con denuedo bastante para enseñar a Don Juan lo que es la mujer; ante bien, hombre de ninguna mundanidad y desprovisto de buenas fortunas, aspiro a aprenderlo de él, condensación ejemplar de la experiencia masculina.

No hacer de él un varón superlativo, como le ha hecho la inveterada fantasía popular, me parecería portarme como el cura romo, que imagina un maniqueo estúpido a fin de darse el gusto de refutar fácilmente al maniqueo. Por otra parte, no creo que sea muy urgente la operación de refutar ni de condenar a Don Juan: más curioso que juez, aspiro sólo a comprenderle, con vehementes sospechas de que no lo lograré.

Quisiera, pues, buscar otro Don Juan que el de Zorrilla, porque éste, psicológicamente[4], me parece un mascarón de proa, un figurón de feria, pródigo en ademanes chulescos y petulantes que sólo pueden complacer a la plebe suburbana. Si fuese, en efecto, Don Juan no más que un virote de tasca y jaleo, sensual y pendenciero, baladrón y agresivo, lo mejor que podríamos hacer fuera avisar a la próxima Delegación de Policía para que nos libertase cuanto antes de parejo personaje. Sin embargo, el espíritu universal se ha comportado con él muy de otro modo. Desde que su leyenda se forma no hay pueblo, no hay época literaria, no hay pensador genial, gran poeta, músico excelso que no se haya creído obligado a enfrentarse con nuestro mal afamado compatriota. Parecieron sentir que hubiera quedado manca la interpretación del corazón humano que en su obra intentaban si hubiesen dejado fuera esta mala cabeza de Don Juan, este perdulario del Guadalquivir. Es más, puede decirse que él representa uno de los pocos temas cardinales del arte universal que la Edad Moderna ha logrado inventar y añadir al sagrado tesoro de la herencia grecolatina.

Es, pues, Don Juan un símbolo esencial e insustituible de ciertas angustias radicales que al hombre acongojan, una categoría inmarcesible de la estética y un mito del alma humana. Junto a Hércules y Elena, junto a Hamlet y Fausto, en el espléndido zodíaco de nuestros afanes, ocupa Don Juan un cuadrante e irradia perennemente en la noche del alma su patético reflejo estelar, una palpitación conmovedora de gentileza y desesperación.

4. No implica, por lo tanto, esto que digo juicio alguno sobre el valor del *Don Juan Tenorio* como obra teatral.

AIRE BARROCO

Hemos hecho mal los españoles de este último tiempo en ocuparnos tan poco de la imagen de Don Juan. No hay leyenda más española. Como nuestro corazón nacional, está hecha de puros contrastes, y el alma anónima que la ha imaginado parece haberse complacido uniendo en ella todos los extremos. No olvidemos que Cervantes, hacia el fin de su libro, cuando ya no sabe qué nuevos adjetivos aplicar a Don Quijote, le llama Don Quijote *el Extremado*. Los españoles solemos ser así: o extremados, o nada. Por eso en esta leyenda hay escenas de mediodía y de medianoche, virginidad y pecado, carne moza y masa cadáver, orgía y cementerio, beso y puñal. Al drama humano asisten cielo, infierno y purgatorio, que, como espectadores de un corrida de toros, no logran contenerse y acaban por tomar parte en la función.

Mas sobre todo esto flota una gracia que me parece específicamente sevillana: si la leyenda hubiese sido forjada en nuestra Castilla habría en ella no sé qué de áspero y tremebundo, más granito que rosas y más estocadas que fiestas.

Pero la extremada leyenda ha sido ungida en la dulce y gentil embriaguez de Sevilla, y merced a ello, este cuento terrible de amor y de muerte va suavizado, transfigurado con un aire festival y encantado de ensueño y de danza. No conozco tema más propio para un *ballet* del gusto que ahora ensayan algunos rusos geniales. La leyenda de Don Juan ha dado la vuelta al mundo cargada de todas las fragancias y de todo el barroquismo de un Carnaval sevillano, como las viejas naos levantinas volvían de Ceilán cargadas de especias.

La mitología clásica soñó de unas ninfas, las amadryadas, que vivían adscritas al tronco de los árboles en las selvas profundas: si abandonaban su tronco maternal morían irremediablemente. Pues yo diría que la imagen de Don Juan es la amadryada de Sevilla, condenada eternamente a vagar por la urbe deleitable, y que, desarticulada de ella, trasplantada a otro lugar, evaporaría buena parte de su color y su esencia.

Durante un reciente viaje, en días de perfecta primavera, he podido confirmar la afinidad, la consonancia evidentes entre el atuendo de la leyenda donjuanesca y el lugar donde se ha localizado. En una ciudad como aquélla, milenaria, que ha servido de lecho y de cauce a tantas civilizaciones, se halla todo impregnado de densas advertencias: cada cosa palpita cargada de mil alusiones, y es para el viajero sensible llegar a Sevilla penetrar en un sonoro enjambre de abejas espirituales, hechas de oro y de temblor, que le asaltan presurosas e innumerables y aspiran a dejar en el alma transeúnte, a la vez, su aguijón y su miel. Decía Gracián del tiempo que sabe muchas cosas por lo viejo y por lo experimentado. ¿Qué no tendrá que decir esa ciudad de tres mil años? Sevilla, en efecto, tiene mucho que decir, y además, no hay ciudad con lengua más suelta para decirlo. Porque en otros lugares suelen hablar sólo los hombres: allí habla todo, la calleja sombría y la plazuela soleada, el jirón de cielo y la torre que lo rasga, el ladrillo del muro y la flor del balcón. De todas partes le llegan a uno voces, gestos, guiños. En tanto que escuchamos al viejo río, casi decrépito, que desenvuelve la solemne lección de su curso grave y lento, los claveles de Triana nos disparan sus agudas sentencias. Aquella luz radiante de Sevilla tiene una peculiar inquietud, que no deja una línea, una superficie tranquilas. Todo vibra, flota, se estremece, aletea. Por eso nada allí parece grávido bulto, sino que todo se vuelve un poco nube, cendal, vaporosidad, polvo multicolor y reverberante. Las cosas tienen el mínimum de realidad necesario para expresarse y flamean parlantes como lenguas de fuego en un inacabable Pentecostés. Hasta el olivo, árbol tan serio y preocupado de su prosaica utilidad, no logra allí impedir que su tronco, al alzarse de la tierra y antes de llegar a la fronda, dé en el aire un gracioso quiebro. En suma, que al bajar del Guadarrama, Sevilla parece una inmensa arquitectura de reflejos y una integral gesticulación.

¿No se advierte el maravilloso acuerdo entre este fondo barroco y la loca caravana de la leyenda donjuanesca? Al verla pasar con su ritmo acelerado por la lontananza de nuestra fantasía, ¿qué percibimos de ella? Colores, vivos colores de Carnaval, terciopelos rojos, verdes jubones, blancos de hábito monjil, como en Zurbarán; azules de Murillo, carmesíes de sangre. Y oímos un tropel de rumores, donde todo va confundido: risotadas con lamentos, trozos de canciones y tintineo de espadas, carracas de Viernes Santo, campanas de Resurrección. Esta leyenda es espirituosa, se sube un poco a la cabeza. ¿Y no es éste el estado en que Sevilla, con su clima voluptuoso y su delirio suave, nos coloca? Como el gran poeta italiano Pascoli, hablando del sátiro clásico, que va encaramado en sus quebradas patas de chivo, dice que parece estar siempre *a mezzo un salto*, a la mitad de un brinco, podría decirse que el sevillano y el que llega a su ciudad están siempre a la mitad de una borrachera, en ese momento que pone ya exaltado al bebedor, pero aún le permite conservar intacta la retaguardia de la discreción.

JUAN GIL-ALBERT

A PROPÓSITO DEL ARTE, DE ORTEGA Y GASSET Y OTRAS CUESTIONES PATRIAS

A propósito del Arte, de Ortega y Gasset y otras cuestiones patrias, de Juan Gil-Albert (1904-1994) fue publicado inicialmente en 1967, y más tarde recogido en un volumen titulado *Los días están contados*, Tusquets, Barcelona, 1974. Posteriormente el mismo trabajo ha aparecido en el tomo 3 de la *Obra completa en prosa*, publicado por la Institución Alfonso el Magnánimo, Valencia, 1982.

(El profesor Alfonso C. Comín nos ha dado a conocer un informe sobre Andalucía y su circunstancia económica –y humana– tan interesante como inquietante. En él, y en un como exordio, se alude a la «Teoría de Andalucía» de Ortega y Gasset de manera, a mi modo de ver, inoportuna e innecesaria, desplazada. Al tropezar con ello reaccioné en la forma, y por los motivos, que aquí expongo.)

Al hojear el número de la revista *Triunfo*, en el que se inicia un reportaje –estadístico– sobre Andalucía, me detengo, antes de leerlo, en una de las fotos que lo ilustran y en la que, en un primer plano, aparece, de busto, un labriego de edad madura, fumando un cigarro, sirviéndole de fondo una extensión de campo en cuyo confín se descubren varios toritos negros que pacen y que apenas son, a esa distancia, más que unas pequeñas manchas, picassianas, de tinta china. Ante aquel hombre escueto me pregunto con espontaneidad: ¿En qué se le ve que es andaluz? Mi respuesta está preparada, ya que, en realidad, mi pregunta se ha hecho a posteriori: en la forma de llevar, ladeada, la gorra. ¡Qué futilidad! se dirá; puede. Una futilidad profunda. Porque apunta a lo indescifrable. Y nos lo hace evidente. Nos los hace enigmático y, a la vez, real. Un hecho tan real, y tan aparentemente insignificante como llevar una gorra, terciada, y a esa edad, y en ese clima profesional, de labriego, o de custodio de ganado, se nos vuelve enigmático, singularmente expresivo, cuando hemos cargado un hecho tan nimio con una potencialidad tan descomunal como es el que una gorra, por la manera de ir puesta, nos esté señalando la localidad circunscrita del hombre que la lleva. No por pintoresquismo puesto que es una gorra vulgar. Pero ni un solo *campagnard* francés, ni un solo *mujic* ruso, se tocaría así con ella si se la dieran. ¿Qué pasa pues con esa manera *sui generis* de ponerse una prenda? ¿De dónde procede esa pericia, ese desgarbo, o esa gracia? ¿De qué lejanías viene y en qué presente se mantiene como un airón que tantos ven y no descubren y que, a alguien, como a mí ahora, se nos viene a las mientes, como si acabara de descubrir un fenómeno llamativo, no obstante lo cotidiano que es, y que me induce a pensar que no pueda mantenerse solo, como tal rasgo de expresividad, en el entero mundo esotérico que anima a ese hombre sencillo –dejémoslo así– y que lo hace ser de su tierra, y de su cultura, por muy analfabetamente que la pueda estar viviendo? Esa es, me parece a mí, la postura de Ortega y Gasset cuando se sienta a escribir, de un modo tan joyante y hasta si se quiere, tan joyeril, su *Teoría de Andalucía*. ¿Tan censurable? ¿Por qué? Es la postura del artista; y del enamorado. Dos modos de escribir que muchos no están hoy dispuestos a tolerar y cuya abolición supondría, en el mundo de la cultura, la pérdida de un renglón tan precioso como lo es el leer por el placer de hacerlo y que requiere la existencia de unos libros cuya calidad de contenido hace las veces de una orquestación en la que, la palabra, y no el sonido musical, componen un todo coherente que lleva en sí el propósito de crear una verdad fuertemente teñida de personalismo y que, por la potencia artística de su pensamiento, y por la hermosa estructura de su enunciación, habrá que ir a buscar aquí, en estas páginas, con esa exclusividad con que se pide oír una precisa sonata de Haendel o, se entra en un local determinado, para contemplar el fulgor, inintercambiable, de un cuadro único.

Sé lo expuesto que es hoy expresarse así: Arte, artista. ¿No son dos designaciones evaporadas? En la jerga actual: desfasadas. Se puede hoy, con satisfacción general, llamar técnico al hacedor de algo espiritual; la similitud que establece con no importa qué manipulador de fuerzas físicas, o de materiales electrónicos, gusta. El que hace estadística es también un técnico, como el ensayista, como el pintor. Pero, ¿artista? ¿Quién es un artista? ¿Algún romántico trasnochado? ¿Quién quiere ser un artista? Y, sin embargo, el artista es; subsiste. Y a ese subsistir se debe el que el arte siga siendo lo que es, algo distinto de lo que en algunos círculos actuales de cultura se llama técnica. Advirtamos, por lo demás, que estas disquisiciones resultan curiosas si nos damos cuenta de que están provocadas por un confusionismo, el que ha supuesto la sustitución, por la expresión griega *teknos*, del vocablo latino *arts*, y que en ambos casos designaba lo mismo, un hacer atenido a unas reglas, a una pericia, y a una inspiración. El prejuicio del arte, prejuicio por la acusación de minoritario que pesa sobre él, se ha subsanado con una trampa: cambiando el empleo de una palabra por otra, procedentes ambas de dos lenguas muertas que, cuando estaban vivas, eran dos términos equivalentes, significaban lo mismo. Este prejuicio es propio de una sociedad entrada ya muy adentro en un proceso de evolución transformadora, de medios sobre todo, más que de ideales, de ideales materiales, que siguen siendo los mismos, aunque acoplados al sentir de un número mayor de gentes, que es lo que les hace adquirir ese aire revolucionario que, en el fondo, no tienen. Es pues una cuestión de beatería. Todo dogma, ya se sabe, engendra a los dogmáticos, como primera generación, a los beatos como segunda. Pero hoy se anda de prisa y las generaciones se superponen. Y ¡ay, más que nunca, de quien mire atrás! ¿Y mirar hacia dentro? ¿Y, desde dentro, mirar a la redonda? Múltiples direcciones, múltiples intenciones. Y el mundo sólo se cumple, el mundo de los hombres, si cada cual ocupa su puesto, desde el que añade, profundiza, o exalta, una parcialidad, o una parcela, del orbe común: *teknos* o *arts*, si convenimos en repartirnos así la tarea. Que los técnicos nos instruyan, que los artistas nos encandilen. Y si, fieles a su entronque común, invaden, sin proponérselo, el campo ajeno, mejor que mejor.

En el estudio que en *Triunfo* se hace del problema económico andaluz, agrario fundamentalmente, se cita, en un como exordio, para entonar como dice su autor, su *Requiem*, la *Teoría de Andalucía* de Ortega y Gasset. Por tanto, una pequeña obra maestra de nuestra literatura contemporánea. Es decir, insisto, como se diría de *Noches en los jardines de España*, o del *Romancero gitano*, una obra de arte. En estas obras de arte hay que buscar, si expresan verdaderamente lo que indican sus títulos, una esencialidad alusiva a los temas que concretan y que no apuntan a otra parte que a impresionar, con los medios específicos que caracterizan de una manera indeleble a cada artista, la imaginación del que oye, del que recita, o del que lee; incluso en este último caso. Pensar que obras tales van a hacer nuestros los datos resultantes de un análisis que, en el caso andaluz, nos instruya sobre las causas económicas de su proceder histórico y la manera pertinente de salir de su estancamiento, es, creo yo, incurrir en una confusión de géneros que, siendo distintos, tienen otros fines que cumplir. No es que, tratándose de la *Teoría de Andalucía*, cumpla su fin con ser un mero pasatiempo y no tenga sus verdades que comunicarnos y, sobre todo, su verdad, esa verdad intransferible que campea en toda obra de arte auténtica. Y no sólo abstracta sino la verdad extraída de realidades contingentes y concretas. Esas realidades concretas, evidentes, visibles, a que me referí al plantearme el motivo expresivo de la gorra del labrador andaluz. El estudio del campo andaluz, la profundización del porqué de la tan sabida pobreza andaluza, es decir, de la pobreza de los pobres, las medidas a tomar –¡y con cuánto retraso!– para iniciar una etapa salvadora y remuneradora, nada puede interesarme más; o mejor, he ahí un tema entre los que pueden interesarme de veras. Pero ese detalle de la gorra, insisto, ese detalle baladí, que tiene detrás, seguramente, más de un milenio de fomentación secreta, no es, precisamente, con esquemas económicos, a base de estadísticas, cómo se me puede conducir a encontrarle los hilos que nos lleven, a través de peripecias sin cuento, raciales, sensoriales, climáticas, educativas, hasta su raíz, y que dan un poso de fermentación del que son muestras significativas los rasgos de sus gentes, su color, sus ademanes, y partículas tan inasibles del proceder humano como el aire del andar y el modo de sentarse. Y eso es lo que atrae a Ortega y lo deja boquiabierto ante un pueblo como el andaluz que le facilita, con el extraño sortilegio de unas herencias que cuentan, por su edad, entre las más ilustres –a la par de egeos, pelasgos cretenses y etruscos, sus contemporáneos en tierras dispersas del mismo mar– bordar su cañamazo, o escribir su prosa, con la misma exuberante pujanza verbal con que doran los imagineros sus retablos. No apunto con esto que, en esas obras, cuando de un libro se trata y éste está escrito, además, por un pensador eminente, no vayamos a buscar más que ritmo, composición y buen decir; claro que no. Pero ¿quién que lea la *Teoría de Andalucía* no se siente atraído, y hasta cautivado por lo que allí se dice, se sugiere, se entresaca, se hurga, se poetiza, y se ironiza, de unas gentes, de unos hombres, que formando parte del todo hispano, traducen unos caracteres y unos perfiles que, para nosotros mismos, sus fraternos de otras latitudes patrias, se nos aparecen distintos? Distintos como espectáculo y como entidad social: con unos gustos, unos guisos, con unas preferencias. Pero sorprendidos, en este caso, al margen de unas condiciones sociales-políticas favorables o adversas que no supondrían nada, o poca cosa, en el definido conjunto orgánico-estético que estamos contemplando ahora, no con ánimo de modificar su contextura sino de descubrir la clave de su naturaleza más honda, es decir, el secreto, vivo, de esta cristalización especial. Ortega se sitúa, ante el fenómeno Andalucía como Walter Pater, en su día, ante el fenómeno Renacimiento, como ante algo que ha cristalizado ya y que, como un mundo cerrado que es, nos intriga, no tanto como gestante que como ejemplo. Nos intriga el porqué de aquel resultado tanto como el resultado mismo. Labriegos existen en todas partes, también propietarios y leyes de posesión de la tierra y abusos de propiedad. El estudio de tales cuestiones, comparativamente entre unos lugares y otros del globo terráqueo, nos situaría ante un mapa distributivo de las sociedades humanas en el que, se pintarían de rojo aquellos centros de humanidad donde han imperado regímenes feroces, de verde aquellos otros en los que, bajo la acción de condiciones más ventajosas de suelo, de población, o de racionamiento, los hombres, si bien divididos en grupos más o menos favorecidos por la suerte, por el trabajo, y no hay que olvidarlo, por la decisiva formalidad de la herencia, gran desniveladora de lo justo, conviven en condiciones más humanas y menos chocantes. En eso quedaría todo. Tan sufrido podría haber sido el vaquero gallego, como el sembrador castellano, como el vareador andaluz, pero ¿qué nos daría además, de distintivo, entre esos tres tipos de hombres que el saber que pasaron más frío, más hambre, más humillaciones? Pero nada más. De la cultura de que forman parte, incluso ellos, esos míseros peones de una jugada histórica, ni una palabra; no sabríamos nada. Lamentaríamos sus desdichas y eso sería todo. Y si tenemos en cuenta que, hasta hoy, hasta no sabemos cuando, todo alarde civilizador ha sido sustentado, –con las indudables variedades a que hemos hecho mención, dignas, eso sí, de ser tomadas en cuenta, dentro del relativismo manifiesto que nos impone la vida– sobre los que sufren, ayer despiadadamente, hoy en forma algo más moderada de consideraciones, nada podría decirse de ninguna cultura, pasada o actual, nada de merecedero y de encomiástico, si pensáramos que el hombre uncido de la gleba, el hombre-topo de la mina, el hombre-remo de las grandes gestas marítimas, emborronan en cada momento, con su sola mención, las cimas más preciadas de nuestras realizaciones universales. No se podría hablar de cultura ateniense si no hiciéramos por olvidarnos de la cuestión, escandalosa, de la esclavitud como sistema de vida humana impuesta a un montón de hombres que sólo rebasaban unos milímetros de altura de la estricta bajeza animal; los mineros de la cuenca argéntea de Laurión. Llega remota, pero hiriente, hoy aún, en los fastos del humanismo. Pero que no nos impide contemplar con asombro los frisos del Parthenon. ¿Esa majestad era Atenas, esa noble procesión de gestos, actitudes, sencillez grandiosa, elegancia helénica? ¿No notamos a faltar en el conjunto a los gimientes, los lisiados, los astrosos, que sabemos que estaban allí, conviviendo y conllevando, míseramente, como los canes bajo la mesa del festín, la ceremoniosidad inmortal de la que, también ellos, como griegos que son, soportaban la fama? Y es que Florencia, otro núcleo excelso de cultura, ¿no era más que los cuellos de cisne de sus mujeres boticcelescas, o la pulidez de Donatello, o los juveniles libertinajes platónicos del Magnífico? También se sabía allí torturar al que osaba disentir. Y en Córdoba, ese oasis del medioevo. ¿No existían otra cosa que baños y bibliotecas? ¿No había también mazmorras, siervos, piojos? Necesitados estamos de olvidar tanto horror si no queremos quedarnos sin las contadas perlas que, a pesar de todo, el hombre, contra toda marea, ha sabido arrancar, con pulso vacilante pero tenaz, como frutos conmovedores, del espantoso campo acotado de la vida en común; crimen, saqueo, indecencia, fuerza bruta. La historia de la humanidad asombra, pero en varios aspectos.

La revista *Triunfo* cree llegada la hora de cantar el *Requiem* por la *Teoría de Andalucía* de Ortega y Gasset. Se deduce de ello, si no he entendido mal, que el concepto que allí se expresa sobre Andalucía, más precisamente sobre la cultura andaluza, ha dejado de ser vigente y que, frente al que podríamos llamar cuadro emocional, o estilístico, de costumbres béticas que nos ofrece Ortega, se hace necesario extraer a la luz el que nos pintan, sin efectismos, las verdaderas realidades vitales de la región, y de sus hombres. Se pierde de vista, con este planteamiento, que las intenciones que asisten, en ambos casos, al que intenta interesarnos en el tema andaluz, son de índole distinta y que, por tanto, mal puede una visión derrotar a la otra cuando sus derroteros no las hace, ni en un solo momento, coincidir en el camino que las conduce y por el que, por tanto, pocas probabilidades existen de que los que andan se tomen, sobre el otro, la delantera. Para mí la *Teoría de Andalucía* hay que leerla, no ya ahora, sino cuando se escribió, como un canto del cisne. Como el canto del cisne de Andalucía[1]; de la Andalucía histórica; incluso, si se prefiere, legendaria –no dándole a la expresión un sentido demasiado nórdico sino, escasamente, becqueriano–, parada, dormida, periclitada como hecho social, pero en su plenitud de resonancias culturales por estar ya cumplidas; lo que he llamado cristalizadas. Y, por tanto, sin ánimo ninguno de reformar nada, de modificar nada,

1. Lo que también es aplicable al libro sobre Levante de Azorín.

puesto que lo que constituye la materia de contemplación, y estudio, de estudio visual, sensorial, y también de enjuiciamiento, de enjuiciamiento ético-estético, atenido a las premisas de un mundo, o de una sociedad, justas o injustas, pero que dan un precipitado preciso, algo, una realidad, una convivencia, una manera de organizar una vida local, que ya está consumada, y que rinde un sonido reconocible entre todos los demás, lo que, eso sólo, la hace justificable como objeto, y sujeto, de nuestra dedicación, y de nuestro arrobamiento. Andalucía es uno de esos rincones del mundo en el que el hombre puede sentir, en ciertos momentos, arrobo, embobamiento, *hébêtement*, sentimiento que despierta, casi exclusivamente, el arte. No provocado, en este caso, como en tantos otros lugares, por el paisaje o la monumentalidad; procede más bien de otras fuentes, una intimidad, una coquetería, una vejez, que se ha dado en llamar alegre pero que, en la tristeza que revela, y que no tiene nada que ver con el malhumor, se define con propiedad y deja flotar su maleficio, captándonos. Una tierra que ha sido capaz de apodar a uno de sus bandoleros, de un modo intraducible, el *Tempranillo*, está imbuida de un don mágico. De ahí lo de «tener ángel», «tener duende», etc. Para que, en una cultura, se traduzcan los pormenores más nimios de su adquisición modal, con una nitidez visible, formando, además, parte, de una trama invisible, pero que se nos revela únicamente como transparencia quiere decirse que está decididamente cristalizada. A partir de entonces su infalible deterioro se inicia. Y ése es el momento de entonar el canto del cisne. Y eso es la *Teoría de Andalucía*, una, podríamos llamarla, visión póstuma. No la preocupación por un porvenir, no, por tanto, la contribución –razonable, humanitaria– a un proyecto; es el registro, a través de una pupila que, por confluir en ella los anhelos –las apreciaciones– de los cinco sentidos, llamaremos anímica, de una sociedad humana, eso sí, que proyectada, en presencia actual, desde lo ancho y lo hondo de sus vicisitudes históricas y no lo olvidemos, de las características, congénitas y adquiridas, de su genio, produce un espectro que, desmaterializándola, la esencializa, rescatándola de su fatal desaparición progresiva, tal como ha sido hasta hoy; no para que sirva de ejemplo pero sí para captar su ejemplaridad. En este caso, impar. Pocas veces, oriente y occidente, en abrazada contienda, habrán dado de sí un resultado más idóneo. –Acaso Venecia–. Es lo que, a Ortega y Gasset, en el momento de mirarlo fijamente, le ha encandilado, la presencia seductora, acuciante, olorosa, como de cuerpo humano, de un conjunto racial. El tema puso en actividad, y hasta en conmoción, todas las dotes, tanto o más que las fibras, de una naturaleza artística y la obra dio de sí lo que sabemos. Tengamos en cuenta lo siguiente. La industrialización, aun en España, se iba abriendo paso, todo lo parsimoniosamente que se quiera, por el ámbito nacional; en otras naciones había ya empezado a ser, desde hacía más de medio siglo, un estilo de vida en el dintel de una nueva época. Andalucía hacía el efecto, al hombre sensible que se asomaba a ella y la veía vivir en su *tempo* perdido mientras sus pies registraban ya, inevitablemente, el precipitarse del ritmo vital en el reloj europeo de la existencia, de un hondo desván en el que, ese tiempo, más que parado se diría que se remansa, receloso de lo que puede esperarle fuera de allí, una trepidación que no comprendo. Y esta reticencia en el moverse, en el no dejarse mover, le atraía. Con una como nostalgia inmensa; la nostalgia por aquello que se sabe que tiene los días contados; que va a desaparecer. Y, por contraposición a lo que se percibe venir, y a lo que ya nos va acosando, al español, de momento, menos frenéticamente –me remonto hacia los años veinte–, pero con el mismo rigor infalible que acusan los crecimientos físicos y los procesos históricos, Ortega ve en Andalucía un complejo vital, y social, en el que todo es aún orgánico en un sentido exclusivamente natural, es decir, un vivir culto en el que no se oye otro rumor que el de los cuatro elementos conjugados con la voz humana, o sea, sin ruido maquinístico. Y en el que, el paso de un caballo rematado por su relincho secular, o el rasgueo de una guitarra, confieren al instante una como concentración evocadora que escalofría; evocadora de sí misma, es decir, plena de la constancia de su contenido. No se evoca nada ajeno; ni pasado; cada cosa evoca el trascender de sí misma en su presencia constante: aquello que vemos es; es, con el refrendo de siglos y con la naturalidad que caracteriza, a fuerza de ser quien se es en el tiempo, a toda aristocracia. Porque en Andalucía, y ésta es otra de las contingencias a considerar, lo que hemos llamado orgánico y natural, no es nunca simple; ni mucho menos simplista. Ese rumor de los cuatro elementos no está en aquella tierra, vieja como las civilizaciones desaparecidas, arrullando con su cantilena la vida tersa de unos hombres primarios: Andalucía no es una isla feliz del Pacífico. De serlo, Ortega y Gasset no se hubiera sentido inspirado para coger de improviso, con su mano grande, el ramillete de sus gracias. Lo que, precisamente, descubre, y valoriza, en los aparentes oropeles de aquella sociedad natural es su complejidad: la suma de sus gracejos, de sus sinuosidades y de su vagancia. Todo hombre meridional es vago visto por la idiosincrasia, fuertemente teñida de actividad, del hombre nórdico; para el norteño de su mismo país. Es un hecho al que podríamos llamar científico. Un clima sabemos que modela a los hombres; el sol los aguijonea o los inmoviliza, es cuestión de proporción o de resistencia. Lo cual no es una defensa, social, del inmovilismo, como se dice hoy, y de las formas precarias de la vida. Un labriego andaluz con un tractor delante, y un sindicato detrás, es un hombre actual, pero no nos corresponde ya examinarlo como habitante que integra, con su soplo, por modesto que sea, la *Teoría de Andalucía*. El futuro le pertenece, como a todo hombre, y pasa entonces, del mundo cristalizado de la estética social al dinámicamente acelerado de las estadísticas. ¿Al de una nueva epopeya? A la gran epopeya del anónimo que la humanidad ha emprendido y de la que hace tiempo que pensé que seguramente no consista más que en una nueva nivelación, ascendente y sorprendente, de las masas humanas, que puede dar pie, luego, a una etapa superior de cultura. De momento no es más que eso, anonimato, vertiginosidad, instrucción machacona, de aluvión, descualificada. Más de cuartel que de vergel. Y empleo este símil por lo mucho que la cultura andaluza tiene de esto segundo. Y por lo personalizada que está. Es decir, que es todo lo contrario de anónima. Cada andaluz, en su medida, es un repertorio de gestos, me parece recordar que dice Ortega, en esencia, que por lo elaborados que están han dejado de ser conscientes para volverse, sencillamente, arbitrarios, es decir, consustanciales. Una cultura lo es, enteramente, y cumple con la misión que parece imponerle una profunda ambición de forma, cuando cala considerablemente en cada una de las partes constituyentes de su cuerpo social, y se manifiesta, con su estilo propio, en las mil pequeñeces a las que, la vida en común de los hombres, ha sabido imprimir con su sello, dándoles una hechura. Se me dirá que cualquier norteamericano puede asumir también, yendo por el mundo, la representación de su pueblo. Como así es. ¿Hay especimen más reconocible a simple vista? Pero la civilización estadounidense es la antítesis de la cultura que comentamos. Es una civilización de títulos, y de profesiones, pero anónima. De aprendizaje. Todos aprenden. ¿Para ser qué? Algo. El andaluz no sólo no aprende ya nada sino que se ha olvidado de todo lo que sabía para ser el que es. Sé que todo esto suena bastante, hoy, a delectación, a recreación, a empeño de ver, de ver lo que existe. Crear es oler, percibir, escrutar, expresar, y salvar de la inconsciencia, lo inapresable, aquello que sólo puede hacérnoslo ver quien de verdad lo estima, pero que seguirá gravitando sobre el mundo aunque nadie, por una especie de ceguera maldita, fuera capaz de verlo. Aun así, ¿cómo no verlo? Un pueblo que ha extraído de sus entrañas su cantar hondo, un cantar alquitarado y sabio para uso de analfabetos, puede no ser ya nada y confiar en su inmortalidad, seguro como está de que su merecimiento no podrá ser echado en olvido.

De todo ello Ortega y Gasset nos entrega su creación. En ella se nos diserta, y se nos encanta, sobre unos pormenores que constituyen algo así como el *bouquet* de unas gentes, de una manera de vivir, de una concepción de la vida, de una cultura en suma, cuyas bases nos resultan hoy, sociológicamente consideradas, inaceptables, pero no menos, por ello, excepcionalmente fecundas. Ése es el aparente absurdo que hemos de aceptar; y que, si humanamente nos duele, desde el punto de vista lógico nos desconcierta. Pero el hecho está ahí, con toda su sustanciosa fragancia, y a él se atiene

Ortega para complacerse, hablándonos de él, imantado por una realidad que se expresa totalmente en contenido y que no va ya a ninguna parte. No ha dejado de vivir pero sí de moverse. Por eso la ve representando un ideal de vida vegetativo y paradisíaco. Y es verdad. No quiere decir esto que los que trabajan no rindan su sudor y su afán. Pero ¿qué valoración le atribuyen? De estos pueblos a los que clima, luz y pobreza –también una predisposición especial que va de la ociosidad a la gandulería– los hacen lentos, despreocupados, indolentes, ¿no podría haber partido la idea semita de que el trabajo es un castigo de Dios? Y, de ahí, el menosprecio del trabajo pero, también, el amor a la tierra que los obliga, inexcusables, a trabajar; amor en el sentido de rendimiento, de rendimiento de fuerzas, ya que el hombre, encerrado en su disyuntiva de hambre o trabajo, acaba por rendirse a lo que le hace sufrir, dándole de comer. No creo que se ofenda a nadie negándole una propensión a trabajar; pero hoy nos suena a condenatorio. Es parte de la nueva formación humana que tiene como objetivo el arrancar a los hombres, en este caso a los andaluces, de sus antiguos goznes vegetativos –y paradisíacos– para trasplantarlos a ese otro nivel al que hemos aludido y en el que, hipotéticamente, hemos de suponer que, a fuer de andaluces, seguirán demostrando un fervor por el hecho de trabajar muy por debajo del adquirido, pongamos por caso, por el catalán, como resultante de trayectorias distintas; lo que no impedirá que pueda mostrar, trabajando, habilidad e inteligencia. Lo que cuenta es que, para él, y en él, el acento valorativo de la vida está puesto en otra parte. Y eso es lo distintivo de su cultura, lo paradisíaco. Entendiendo por tal el gusto instintivo, e intuitivo, por un cierto abandono, por el hecho diario de estar viviendo, algo, aunque no idéntico, a lo que los italianos llaman *il dolce far niente*, ya que, para el andaluz, no pasa de agridulce. No la desgana, por el contrario, la gana de no hacer. En esa gana está encerrado el intríngulis de su cultura, lo que ha hecho posible su existencia. De un desganado nada hay que esperar. Pero sí de un ganador de la nada; de un hombre que tiene, como vivencia genuina, ganas de nada, tal vez de la Nada. En un hombre capaz de sentir esa gana, e inmolarse a ella, cumpliendo, milenario, los ritos minuciosos de su existencia, esa nada se vuelve un todo, es decir, una cultura completa, una cultura repleta, sorprendentemente matizada. (Es decir, que pone la nada a su servicio placentero). Lo cual, esa matización, indica en él un tipo de laboriosidad que no se paga con jornales y que puede muy bien hacer las veces de un placer; del placer de vivir. Del placer de vivir en regla; o con reglas; o sea con gustos cultivados. Que esto segundo es lo que distingue la cultura andaluza, como un estilo ceñido de vida, del simple vegetar. Volvemos a encontrarnos con esa alianza de oriente y occidente que bien podríamos decir que, en lo andaluz, se hace carne y, por ella, espíritu complejo[2]; no mezcla –como es lo norteamericano: cocktail-unidad.

Y, sin embargo, aún me falta por decir lo siguiente: que se creería que esta cultura, por su carácter de aristocrática, no tiene nada que ver con el pueblo andaluz; lo que es falso. Lo latifundístico y lo aristocrático pueden coincidir pero no se identifican necesariamente. En cuanto latifundistas los aristócratas andaluces llevan sobre sí el peso de todas sus culpas; y que lo hagan a la andaluza es harina de su propio costal, pero son aristócratas por los mismos motivos que lo eran, ayer, sus vasallos, hoy, sus jornaleros, por la gracia de Dios, no acude a mí fórmula más expresiva y que los mismos andaluces comprendieran mejor –tal vez ellos prefirieran de María Santísima–. Quiero decir que lo que hay en la cultura andaluza de aristocrático, por una finura proverbial, y natural, que es allí signo de no importa qué, es cosa de raza. Y que, por tanto, aunque las llamadas clases aristocráticas, han tenido que presidir, por su rango, la eclosión de todos los elementos que iban a configurar, a través de una larga vida de convivencia, en la que unos eran los señores, otros los criados, unos los ricos, otros los pobres, y esto en unas proporciones de antítesis que han sido calificadas por un prelado actual de irritantes, de modo tan específico, y tan especiado, las dotes creadoras de una cultura, el pueblo juega en ella, ya que es el sustentáculo

2. Se hace, por esta fusión, vivero espontáneo de lo andaluz.

de la comunidad étnica, no el papel principal que se arroga el sultán árabe, el reyezuelo moro, o el duque caballista, no el papel de mando, pero sí el material predispuesto. Sin él, sin ese material que lleva en sí las posibilidades de rendir un sonido propio, bronco o diáfano, no sería factible, por brutales que fueran las órdenes recibidas, plasmar un deseo eficaz en contra de lo que manda la predisposición innata de un material necesario y el genio oculto que alienta en él. Eficaz en el sentido de la vida natural, de la vida orgánica, como dije, y que es la que sirve de centro al comentario que persigo. Con ciencia y técnica se puede conseguir un artificio como es el de un avión, pero no un pájaro. Las combinaciones diabólicas que se nos anuncian pertenecen al futuro y no tienen cabida en mi estricta, y modesta por tanto, concepción de la realidad humana considerada como hasta ahora fue, sumida en el contexto de su naturaleza y exhalándose de ella, lo cual no carece de amplitud ya que lleva implícita la máxima imaginable, dentro de los límites que le impone su sabia, por llamarla de algún modo, organización; organización que es en sí misma, también, evolución, y que tiene por tanto su aspecto mecánico pero, permítaseme esta infracción sin la que todo mi razonamiento sobra, con *ánima*. (¿Con ánimo?) Quiere esto decir que, ese pueblo, no ha permanecido pasivo en cuanto a la cultura que ahora lleva su nombre y con razón. Y que, expoliado, defraudado, escarnecido, él, y únicamente él, por peregrino que parezca, es el autor, continente y contenido, en lo esencial, de esto que se llama, en el mundo, lo andaluz, de esta idiosincrasia singular, surgida de un material resistente y moldeable a la vez, como el bronce de la estatuaria, y sazonado con la sal y la pimienta de sus gracias superficiales a las que la antigüedad confiere esa proyección honda que las distingue y que es lo que chifla a los que, de otros cuadrantes, ven a los andaluces, andar, moverse, bailar o hablar, hablar gesticulando, bien floridos como el sevillano, bien recortados como el cordobés. Los siervos son, pues, intercambiables con sus señores: el gañán con el prócer. Por la idea que llevan dentro y que se alumbra en cada cual –Segismundo pasando de la cueva al trono para seguir sintiéndose la misma persona–.

Coinciden con el ideal de vida. Un ideal que los unos, abusonamente, han considerado de su pertenencia, reduciendo a los otros, a un mero simulacro de lo que aspiran. Aspiración que no debemos confundir con el corriente: quítate para que yo me ponga, y que ilustra de modo harto ramplón la fisonomía moral de nuestras sociedades crematísticas. En el ideal andaluz lo que se quisiera es que ese ideal se cumpliera de veras para cualquier hijo de vecino. Que el ideal del ocio –que no excluye una laboriosidad razonable, y circunstancial, que hiciera las veces de aliciente– se atestigüe en todos por igual. Y, por tanto, se diría que la tácita furia campesina, que deja en ocasiones de serlo para tornarse explosiva, casi cabileña, más que contra la existencia del ideal estalla contra su incumplimiento; porque no le dejen ser lo que en el gusto de todos late como formación, y como herencia: el ideal paradisíaco de vivir al par de la vida, con pulso placentero. No encajonados en unos principios adustos sino sintiéndose vivir dentro del aliento de una libertad natural-orgánica, a la que dan sentido propio la repetición inmemorial de unos gestos, de unos ademanes, de unos hábitos, que van dibujando la silueta pertinente de un pueblo recóndito, firmemente afincado en sus costumbres, pero ligeramente establecido en ellas. Sin nada en propiedad, con todo en posesión. Ese campo, ese cielo, ese mar, los productos autóctonos, el toro, el olivo, y la viña viajera que ya nunca se movió de allí, y el asno lento, y la caña de azúcar, tan amarga; y el canto, el canto que brota de la tierra, ¿paradisíaco o infernal?, forjado en la voz por el ahínco y el padecer, de tres culturas trenzadas; y los sueños, llenos de astas y de borracheras. Y la desesperación atónita de que todo aquello ya no sirve de nada: desolación y hambre. Hambre negra en medio de una cultura cuyo esplendor se ha quedado prendido hoy en lo modesto, en lo íntimo, en lo ruinoso, al sesgo de unas callejuelas, por cuyos balcones, la obsesión floral se empeña en hacernos llegar unos guiños coquetos que quién sabe qué dramas humanos enmascara; o trata de hacerlo. Y es, precisamente, la presencia de ese ideal popular, del ideal latente de todo un pueblo, querido por él, y hasta defendido por él, en contra permítaseme hacer hincapié en este pormenor importantísimo, de sus propios «intereses», lo que hace de la emigración actual, lenta, constante, incontenible, un abatar histórico tan dramático y tan, propiamente, desgarrador. Todo hombre que emigra sufre un desgarro físico, terrenal –¿anímico?–. Pero no todos pueden, al romper vínculos, llevar consigo, de manera tan inevitablemente adherida, el sabor de su tierra. Pues que, no todos los contornos geográficos, encierran culturas; o lo son éstas de la misma calidad. Hay culturas opacas y pseudo culturas. Las hay como los vinos, especiosamente timbrada. El que contraviniendo su querencia, por causas que se le imponen, abandona el solar andaluz, bien pertrechado va de nostalgias. Y aun en el caso de que acabe por aguarse, bien estará únicamente para el que cree que el hombre vive sólo de pan. En cuanto a los que, dueños de lo suyo, y de tanto más, ven despoblarse los campos, desde Madrid, la antigua Corte, donde malgastan y malviven sus rentas, no sé si con la indispensable sensibilidad, porque los hombres nos endurecemos en el uso de nuestros errores, para sentir que con la sangría popular se les va espectralizando, debajo de sus plantas, la tierra firme, en el pecado llevan la penitencia, si son capaces, también, de comprender todavía, el lenguaje contundente de los hechos. Porque esa sangría y esa tierra que se desliza bajo sus pies, es, nada menos, que su desaparición como cultura, como creadores de una eximia cultura concentrada, para convertirse, desleídos en las hondas confusas de la sociedad heterogénea de las grandes ciudades, en unos meros vividores. Lamentable final por no haber sabido, ni querido, a su debido tiempo, romper el caparazón paralizante para, sacrificando lo caduco, salvar la casta.

Ortega y Gasset goza de un estilo, el suyo propio, que parece que le ha sido dado por añadidura, *manu artifex*. No puede pedirse en nuestro castellano un manejo más espléndido de su natural esplendidez idiomática. Se asiste, desde el primer momento, cuando lo leemos, a la comprobación de unas facultades que, por lo plenas que se evidencian, nos comunican, como lector, seguridad y el goce que a éste acompaña; goce del viajero bien pertrechado y perfectamente asistido; sin temor a percance. Porque ésta es la sensación que nos depara Ortega desde el principio al fin, la de dominio y perfección de sus medios propios; ni un balbuceo, ni una vacilación, todo está allí en su apuesta rotundidad curvilínea, en marcha gozadora, seguro de sí mismo. Se podría suponer que, en todo escritor, en todo estilista, existe, previamente, como condición de serlo, el de la seguridad; pero no es así. La tersura de una prosa no impide, más bien lo contrario, que se nos transparente en ella, a su través, el anhelo sutil de una precisión que pasa por las incertidumbres de la búsqueda y que salva, rozándolos, los peligros, de la indecisión, la prosa cuyo autor sabe, quizás, lo que quiere pero que no está tan convencido de que lo puede; porque lo busca, sabiéndolo y no sabiéndolo del todo, como si por buscarlo se le ofreciera el posible encuentro; y por eso escribe; como única manera de que lo que busca sea, sea ya un hallazgo seguro ofrecido dentro de la tersura de un problematismo que, por la forma definitivamente firme que ha acabado por adoptar, se define como estilo irreprochable, pero sin que, en su trazo, haya desaparecido, por completo, todo temblor. Pensemos en el estilo de Azorín, en España, de Gide, en Francia. Como en todo solista, en ellos, se percibe, fundido con la maestría, lo que podríamos llamar, los posibles percances de la depuración instrumental, es decir, la materialización del instrumento que ellos son, que como artistas encierran en sí, y cuyo afinamiento se traduce en sus actuaciones de un modo tan personal pero, también, por ello mismo, tan sujeto a los peligros de la irregularidad o del desafinar; lo que no suele ocurrir casi nunca, pero cuando el manantial del que fluye la palabra, y el hombre que la ejerce, constituyen un mismo filón, de este brotar tembloroso se nos comunica la impresión, a un tiempo feliz e inquieta, de asistir al nacimiento de algo cuya existencia está sometida a los percances imprevistos de todo lo que vive y que tal vez, por ello mismo, nos conmueve más. En Ortega y Gasset se está completamente a cubierto de toda sorpresa. No es que en él el instrumento y el autor actúen separados, nada de eso; es que, en Ortega, a fuerza, como he dicho, de aplomo, y de convencimiento, lo que oímos, más que una improvisación es una partitura. Oímos algo que, por seguir empleando el símil, ya está hecho, escrito, acabado, pensado, expuesto. Si, como sorprende Proust en sí mismo, el artista es un yacimiento del que sólo él, sin ayuda ajena, extrae lo que tiene, lo que se alumbra dentro de él, en Ortega, se diría que, contraviniendo esa visión, la extracción de todo ese material precioso y, a menudo, aunque se nos ofrezca descargado de su gravitación, pesado, está ya conseguida con anterioridad, y que su autor no se encarga más que de disponerlo del modo más conveniente para que el tesoro desplegado nos dé unas muestras, no tan sólo de su riqueza, puesto que va dirigido al intelecto, sino de su significación. Como si lo gozara sin dolerle. Sin ese dolor que cualquier esfuerzo humano traduce y que comunica el resultado obtenido, no importa que sea un dechado de perfección, una especie de huella candente. En Ortega, el trabajo, no se presume nunca trabajoso. Si nos imaginamos lo que debió ser para un hombre como Schopenhauer escribir, lograr sus páginas, más bien aterradoras, se me comprenderá. Pero sin necesidad de salirnos de nuestro terreno peninsular, lo que podríamos llamar la facilidad orteguiana, se hace manifiesta con sólo que pongamos nuestra atención comparativa en alguno de sus compañeros de promoción. La frase de Azorín, o la de Unamuno, no se sabe nunca cómo va a terminar –incluso la del primero, corrientemente, si es descriptiva, tan corta–, es decir, ni el autor, ni la frase, saben cómo terminará aquello que han empezado a decir, la cosa se resuelve entre la pluma y el papel, en ese contacto trémulo, inesperadamente; no es que Azorín y Unamuno no sepan, de antemano, lo que se proponen, aunque lo que tienen es más bien un propósito que se les realiza, en parte también, en el momento de la enunciación, por su cuenta. Sólo así el artista se queda pasmado, legítimamente, ante su obra, porque en ella hay algo que, por decirlo de algún modo, no es de él. En Ortega y Gasset no parece que este hecho haya de producirse más que como satisfacción, también legítima, de unos logros. En este caso los pasmados somos nosotros. Se nos sube en una carroza magnífica, y una vez a esa altura, y andando sobre ruedas de oro, se nos abre un mundo vasto de presencias, alusiones, disquisiciones, reminiscencias, enjuiciamientos, a lo largo de cuya guirnalda sentimos circular una vigorosa capacidad encantatoria de la palabra castellana que parece haber logrado aquí, en la opulencia de sus períodos, confundidos los confines de la metáfora y la realidad en un espacio permanente de luz, la prueba decisiva de su madurez. La riqueza, no como ostentación, pero sí como estado anímico, ha sufrido en nuestro mundo una quiebra notable. Presumimos de habernos recortado las alas voluntariamente por una como inclinación de austeridad... científica. Pero, cuando de improviso, leemos un texto de Chateaubriand, o nos encontramos ante una pintura de Rubens, no podemos dejarnos de maravillar por la fragancia de unas facultades cuyo derroche tal vez haya acabado por relegarnos a nuestra enteca medida actual. No es que esos dos artistas me gusten, propiamente –ni que en el momento mismo de su eclosión me hubieran gustado– porque no se trata de mi gusto, ni en su caso, ni en el de Ortega. Se trata de la comprobación de un hecho. Del empobrecimiento de unas facultades humanas que obraron como estimulantes de la emoción en un terreno que hemos optado en dejar en barbecho por habérsenos secado las fuentes, aunque nos guste dar de su motivación razones más halagüeñas. En general se diría que el mundo, el mundo del arte, más que una crisis de crecimiento está pasando por una etapa de desmontaje. Todo lo que nos parece ornamental se destierra como antigualla inconcebible; en aras de una sobriedad anémica que quiere presentársenos como el rostro fogoso de las nuevas generaciones. Y así, nuestros viejos jardines, con su eterno ornamento vivo, la flor, van siendo sacrificados inexorablemente al verde tapizado del césped que, en su insipidez, sienta mejor a los postulados urbanos de la mentalidad moderna. –Jardines andaluces, noches en los jardines de Falla, recintos de sensualidad etérea, balcones privados como senos de «muchachas en flor»–. En realidad la ornamentación no ha desaparecido de nuestra época, ya que es inherente a la necesidad humana de expresión y de adorno, una ornamentación seca y hermética, con sus ribetes de cruel, que sugiere la idea de cárcel o de clínica, pero que no se toma por tal; sólo los técnicos, es decir, el técnico que reside en el arquitecto, nunca el artista que vela en él, saben lo que se llevan entre manos; o sea, saben que están haciendo algo prohibido, arte, y por lo prohibido que está, y porque el arte hay que disimularlo bajo la hechura del técnico, apartándose de toda molicie, van a dar a lo más extremadamente hermético que puede darse como ornamentación, a lo inerte, a lo muerto. Porque toda vida es molicie y toda muerte rigidez.

En la prosa de Ortega la ornamentación, por lo consustancial que es con su genio de escritor, no parece cosa de adorno; y no lo es. Forma parte de su manera de decir. No es un aditamento es, por el contrario, la forma correspondiente a su sustancialidad. Lo que podemos llamar, por tanto, forma plena; que está llena de lo que contiene, de su sustancia. En Ortega esa plenitud se nos hace casi ostentosa, pero no por ostentación, sino por naturalidad. Pocas veces se lee, en español, a alguien que dé la impresión de estar vertiéndose sobre nosotros con una mayor comodidad de comunicación con el prójimo. Tan bien sentado en el alto sitial de su maestría. Hasta producirnos, a veces, una como subyacente irritación de sentirlo tan dueño del habla que sirve de cauce al empuje de su pensamiento; es decir, a su pujanza. La pujanza material del espíritu. En la prosa de Ortega se nos materializa la presencia de un espíritu fuerte, henchido de savia. Una como salud espiritual que irradia su persona física perfectamente equilibrada de humores. Es el único, de su generación, al que no parece dolerle ninguna víscera. Y que rebosa, en todo momento, algo que es más constante que la alegría, y mucho menos vulnerable, un contento de estar en el mundo conociéndole sus yerros. Es decir, a Ortega y Gasset no lo sentimos nunca cargado con su deber de escritor, y de hombre, como nos sucede con Unamuno cuando se nos lamenta, ni le sorprendemos, como en artistas, y poetas, tan dispares, como son Antonio Machado y Juan Ramón Jiménez, esa oculta fibra sensible que los hace ser el artista que son pero, también, el español aflictivo que llevan dentro. En Ortega hay como en todo hombre, como en todo talento, drama, pero no fatalismo. Ni obsesiones. Ninguno de esos móviles enquistados en el alma que dan a la obra de sus contemporáneos, a fuerza de excavar obsedidos en su misma dirección, lo que podríamos llamar, en cada cual, su agudeza eximia. En Juan Ramón, la Belleza; en Azorín, la Temporalidad; en Miró la Tierra –su tierra chica–, en Unamuno la Carne –la suya propia–; en Baroja el deambuleo impenitente, en Valle-Inclán la pasión de lo estrafalario; en Machado, el más inasible de todos, un desvivirse fantasmal. Por eso a Ortega, más ecléctico que cualquiera de ellos, menos particularizado en su intención, le cuadra más, como proceder de su intelecto extensivo, la perspicacia que la agudeza, y el estado de alerta constante en que vivía le hizo ser para España, a la vez, su admonitor y su vigía. Su admonitor severo y su vigía esperanzado. Sólo que, pensándolo bien, nos invade la sospecha de que, en el fondo, pesó más en él el calibre de sus posibilidades, de lo que él podía ofrecer, que el de las exigencias ultrarradicales que su país parecía necesitar. No es que descuidó al paciente pero la brusca temperatura desorbitada que redujo a éste a una zarza ardiendo, se lo escamoteó. El mismo Dante, hombre cabal, tiene un momento de retroceso, y da un paso atrás, cuando se le indica que atraviese un muro de fuego; pero no es más que momentáneo.

Terminemos este comentario, en tono menor. Sorprende que, en obra tan seria como es la de Ortega y Gasset, abunden las sonrisas; resbalan por ella como pequeñas olas por la superficie de un mar grave. No son indicadoras de la ironía ni del humor. Están allí como cintas volanderas de colores claros que dan, indudablemente, amenidad al conjunto y que, no es que resulten forzadas, pero no sé qué se advierte en su aparición de retocado o de superfluo; tampoco de inoportuno pero de innecesario. Hay lectores suyos para quienes, estas sonrisas, por seguir llamándolas así, constituyen el aliciente clave de su estilo y las que hacen que les sea dado a ellos, hombres de otro jaez, el entretenerse con un escritor de la profundidad de Ortega sin declararse vencidos por la incomprensión o el aburrimiento; otros, más entrados en lides filosóficas, que piensan que tales amenidades aligera indebidamente la densidad del pensador sin añadirles en cambio una pizca de gracia y sí, tan sólo, vistosidad. La vistosidad es, en el estilo orteguiano, un resultado de su plenitud y sintomática de su salud física. Plenitud y salud que lo dispensan de llevar las bridas tirantes y lo hacen tan propenso a la tentación. La tentación de los flacos –de los débiles ante las tentaciones– es la austeridad, la de los fuertes es el goce. En ellos la tentación se diría que pierde virulencia, integrada como está en la salud para el cumplimiento de sus aspiraciones armoniosas. La tentación de Ortega es más aparente que real, por eso se resuelve en metáforas. Esas metáforas, eso sí, podrían ser sus debilidades. Observarlo, observarlo como lector a través de su arte imaginístico, resulta curioso y hasta, en ocasiones, chusco, entre conmovedor y deprimente, como siempre que asistimos al espectáculo de lo íntegro seducido por lo carantoñero. Ortega no parece resistirse nunca; cede siempre: al goce, al encanto, a la plenitud, de su verbo; a su vitalidad. Y el resultado es ese enjoyamiento de la prosa, que marca en él, entre las dos vertientes de nuestro ayer y nuestro mañana, el momento fulgurante de una realidad española plena en sus deseos de renovación nacional y barrocamente acariciada aún por la sonoridad lingüística del gusto patrio. Como ya insinué, su arte del decir está entrañablemente enraizado con el de los tallistas del siglo XVII en la composición de cuyos retablos se manifiesta, en toda su claridad visual, la parte de adorno, y la parte de soporte, creando la prestancia de una misma solidez constitutiva. Este arte expresivo, y enjundioso, en el que hay que encuadrar a Ortega, como estilo, es producto central, que participa de la fundamentalidad renacentista y de una considerable, aunque siempre entonada, movilidad barroca, pero que está a igual distancia del románico norteño, del flamígero castellano, y del arabesco musulmán. Esta condición «central» me parece muy digna de ser señalada en Ortega. Piénsese lo insólito que resulta que uno de nuestros grandes hombres haya nacido en Madrid. Todos, en la generación del 98, aparte de los anteriores, son periféricos. Menos él. Unamuno es un vasco, como Baroja; Ramón del Valle-Inclán gallego, como Rosalía y la condesa de Pardo Bazán; Machado y Juan Ramón, andaluces, como Bécquer, como Falla, como Velázquez; Azorín y Miró, levantinos, como Blasco y como

Sorolla. Y el madrileño honorario, Benito Pérez Galdós, es de Canarias. Todos vienen a Madrid, excepto los catalanes, véase Maragall, y allí se afincan, pero no son de allí sino de sus tierras, de sus tierras cultas y cultivadas, y de ellas traen su fisonomía anímica y el carácter propio de su pasión regional porque ya sabemos que, en España, antes fueron las regiones –o reinos, o provincias–, lo último la capital. La capital surge cuando toda España está completamente cumplida y cerrada. –Ay, demasiado–. Y entonces se crea, con retraso, en el organismo ya cansado de la nación, el centralismo luceroso de Madrid que lo consume todo en su honor, mirando hacia las provincias con ese aire de superioridad desdeñosa que caracteriza a todo lo advenedizo y que, al no estar capacitado para superar las viejas glorias peninsulares, y regionales, rebaja el tono nacional, entronizando el señoritismo mundano, y urbano, allí donde antes imperaba, prendido al auge de la cultura rural, lo señoril. La distancia que media entre esos dos términos da fe de los peldaños descendidos. No en cuanto a lo que hoy se llama nivel de vida, sino de estilo. El señoritismo es una erupción genuinamente española, una forma, típica, de la presunción y que lleva apareado, indefectiblemente, otra cualidad españolísima, por lo intraducible, la cursilería. Ser cursi es algo tan español que escalofría; debido a su autenticidad. Ser cursi a fuerza de querer ser elegante, de llevarlo en la médula de los huesos. Si sólo fuera cursi el señorito tendríamos el campo notablemente acotado. Para que el señorito luzca en toda su pristinidad debe darse en las clases medias modestas; nos encontramos entonces con lo que podríamos llamar el caballero errante de nuestro tiempo, es decir, al legítimo heredero del hidalgo pobre. El quiero y no puedo del despreciativo dicho popular. Ahora bien, la importancia del señoritismo reside en el hecho de que se nos presenta como un rasgo, indeleble, del ser español. Si los señoritos sólo fueran los que lo son, el caso carecería de importancia. Clasificada la especie, muerta la rabia. Pero el obrero español es, también, un señorito; no en potencia sino en activo, dentro de la estrechura de su sueldo, y de su traje. No creo que en parte alguna del mundo actual, se haya conservado, entre las clases proletarias, una valoración más inclita al hecho de vestirse; y en particular los domingos. –Lo que cuenta en ese afán no es el aseo personal sino la categoría, también personal–. Para un español no vestirse, pasar entre los vecinos por no tener ropa de recambio, constituye una espina tal vez más hundida en el pundonor, que el no comer. Un irlandés, que viajaba con lo puesto, me dijo un día: ¿Qué hacen los españoles con su pobreza? Surge un joven de una cueva y es un príncipe. Exagerado, cierto, pero representativo. Este señoritismo, insisto, es un producto urbano, y particularmente de capitalidad, aunque, como toda idiosincrasia española, procede del campo, del campo culto, del cortijo, de donde pasó, ya sin cordón umbilical, a la Corte. Y en Madrid adquirió sus quilates y sus facetas. Allí donde se acunó, si no se acuñó, el casticismo; al menos el zarzuelero. Madrid que era un descampado se convirtió, de la noche a la mañana, en Villa y Corte. Con sus señores en sus palacios y sus paletos alrededor, pobretones y feos. –El dibujante Sancha nos ha dejado croquis muy expresivos de la *gens* madrileña que troqueló en sus suburbios tanto rostro cazurro de barrendero, de cochero de punto y de lacayo con chistera–. Los autóctonos eran ellos; los señores eran los expatriados de sus solares, de sus llamadas casas solariegas, castellanos y andaluces en su mayor parte, con algún aditamento asturiano, e incluso gallego, contadas gotas de valencianismo, ningún catalán. Familias linajudas que constituían la casta. Pero si castizo, entre nosotros, es sinónimo de español, lo madrileño fue arrogándose, a lo largo del lamentable, y madrileñísimo, siglo XIX, el derecho a usar sobre todos los otros componentes geográficos de la nación, como quien se pone un moño más alto, la casticidad. Conviviendo, la aristocracia trashumante y descastada, y el honrado pueblo de Madrid, dieron a luz, al castizo por excelencia, al verbenero decidor y ajustado de gorrilla y tacón. El hijo del chispero y de la manola goyesca. Goya, el aragonés, otro periférico, si bien menos extremo, del lado cordial, que se instala en el Madrid del Manzanares y de Lavapies, instilándole su savia. Allí en Madrid, los extraños, todos cooperan en ver, oír, decir, pintar. Pero no son, verdaderamente, su voz, su voz propia, lo que hay que descubrir por debajo de todo ese rico vestuario importado que le confiere a toda capital, por la aglutinación colorista de sus componentes, una fisonomía superpuesta y, por lo promiscua, como babilónica. Pues bien, Ortega es, por nacimiento, y por tantas otras condiciones más, esa personalidad central, y madrileña, que lo asume todo; no sólo Madrid, porque en eso, ¿quién superaría a Galdós, o a Gómez de la Serna, éste madrileño exclusivo? Sino a todo lo demás, a España entera, al Ruedo ibérico. Por su posición centrista, precisamente, Madrid-capital ha descuidado el resto, por su centralismo virulento, y superficial. Pero había de ser un madrileño el que supliera a su ciudad, en su abertura, como se dice hoy, hacia el resto de España, a la totalidad extensa, e intensa, de lo español, a la «grande y triste España» de Fray Luis, sustituyendo, desde su centro equidistante de mira, la españolería por la españolidad. Es decir, Ortega y Gasset es el que, desde aquel centro refractario, cortesano y zarzuelero, de Madrid, se vuelve a todo lo largo, y lo ancho, y lo desasistido, de la periferia, para ofrecernos un proyecto de lo que llamaría la redención de las provincias y que, la *Revista de Occidente* publicó, en el año 31, seguido de unas notas que llevaban por título: «La decencia nacional».

Puesto que en el comienzo de estas consideraciones está la fotografía del labriego andaluz, pondré ahora, el punto final con la presencia de otro retrato y éste del mismísimo don José Ortega y Gasset que es en gran parte, aunque no del todo, el protagonista de mi comentario. Preside el tomo *Sobre el amor* de la editorial Plenitud y, en su breve rectángulo, se nos aparece el filósofo, en la plenitud de su edad, y de su fuerza expresiva, también de busto, dejando ver los brazos, uno de los cuales, el derecho, le cruza el pecho llevando la mano del lado del corazón, donde queda abierta y posada sobre el costado, mientras el antebrazo izquierdo se levanta hasta la altura del rostro, sosteniendo muy cerca de los labios que sonríen abiertamente, el cabo de un cigarrillo inmerso en una larga boquilla. La cabeza grande, noble, del pensador, está tocada con un *jipi* veraniego de alas subidas, y ligeramente inclinada hacia delante en la dirección de lo que mira. Porque Ortega está mirando algo, con los ojos claro, pero con toda su cabeza y, a la vista de lo cual, sonríe, y al hacerlo, dejando al aire una dentadura sana y regular que patentiza la solidez de su figura, y de su estilo. No es un retrato, como se dice, de cuerpo entero, pero sí cabal. *Ecce-Homo*. Pues bien, a través de esa efigie, impresas en ella misma, como sin máscara, están, para mí, las características que, mejor o peor, he querido ir apuntando, a vuela pluma, de un español tan principal. El punto céntrico en que está, y que es él mismo, esa, podríamos atrevernos a llamarla, misión nuclear, a la vez, y por ello mismo, un indiscutible sello castizo, y no sólo en acepción más ecuménica de castizo-español, sino en la más restringida, y menos severa, de madrileño. Advierto en esa fisonomía suya, abierta y comunicativamente inteligente, un algo también entornado, de lugareño, por extraño que pueda parecernos en hombre de empeño tan señoril en la acepción intelectual de enseñoreamiento. En todo gran talento, en todo observador fértil, como nos descubre la foto de Ortega, en todo pensador, o sentidor, como le gustaría decir a Miguel de Unamuno perdura un retazo de pueblo, un jirón de sentimiento popular, de vena aborigen; y esa supervivencia es la que distingue al verdadero creador del puro intelectual universitario. Y que es lo que, a través de esa solidez de Ortega, y de una especie de ecuanimidad que le distingue, ensamblaje en él de lo uno y de lo otro, de lo vivo y lo razonado, de lo que él llamaría razón vital, se nos transparenta, un peso ingenuo, una nota imaginativa, una necesidad de creer en las cosas subiéndolas de tono. La predisposición de Ortega a ver en la mujer, la dama, responde a esa índole quijotesca de valoraciones que, no por lo literaria que pueda sonarnos, está menos carente de un trasfondo, como he dicho, de ingenuidad; quiero decir con esto que no está hecho para engañarnos sino para animación propia y ajena. Es el lado goethiano de Ortega. Exaltar todo lo que merece ser y ser vivido. España y Alemania son dos países políticamente desgraciados. Con un como defecto de sedimentación, y de asimilación, que no los dejó cristalizar, normalmente, como otros modelos de familias humanas. Normalmente quiere decir con deficiencias pero sin fallas. En Alemania, Goethe representa un aislado bloque lúcido hacia el que cualquiera puede volverse, en un momento dado, para rescatar un poco de claridad o percibir una norma de equilibrio. En España, país de gentes a las que Pérez de Ayala aplicó la calificación contradictoria, y certera, de apáticos-apasionados, Ortega y Gasset personifica un tipo de hombre excepcional, abierto, escrutadoramente, al panorama nacional de todas nuestras desdichadas cuestiones históricas, es decir, sociales, correspondientes a nuestra sociedad, a la sociedad española. Haciéndolas, de adormecidas, palpitantes. Vitalizándolas. Y que se enfrentó con el sopor proverbial del conservadurismo hispano que, pese a su apatía –Ortega habla de «esta España nuestra tan agria, tan paralítica, tan inerte»– conservaba cortantes las aristas de su apasionamiento. Hace veinte años, al releerlo, me di cuenta de que España, no exactamente en el momento de romper amarras, pero sí en el de ponerse a andar, conscientemente, y libremente, por su mismo pie, tendría que hacerlo llevando en el bolsillo su obra escrita –y que, entre otras cosas, se escribe, para que pueda ser leída mucho después–. Cuando muere Ortega y Gasset, alguien que tenía sus títulos, lo señaló como el primer español de nuestro siglo, jerarquía que, de un modo responsable, sólo podría ser aplicada, me presumo, a contadísimos. Por mi parte, y en un terreno de consideración bastante más modesto, me conformo con abrir un ancho margen de confianza al español que, en su día, nos declaró no poder fundar su patriotismo en una deshonestidad[3]. Digo que me conformo, pero, ¿no es, acaso, mucho?

3. Ortega dice textualmente al final de *Temas de viaje* en «El Espectador»: «Lo siento mucho, pero yo no puedo fundar mi patriotismo en una deshonestidad».

LUIS CERNUDA

DIVAGACIÓN SOBRE LA ANDALUCÍA ROMÁNTICA

Divagación sobre la Andalucía romántica, de Luis Cernuda (1902-1963), apareció en la revista *Cruz y Raya* en 1935. Su autor no volvió a reeditarla. Luis Maristany la recuperó en el volumen misceláneo *Crítica, ensayos y evocaciones*, publicado en Seix-Barral, Barcelona, 1970. Más tarde fue incorporada al volumen de *Prosa completa*, Barral, Barcelona, 1975; reeditado por Siruela en 1994 y 2002.

Soledad deleitable... último asilo de la cansada vida; jardín eterno: muestras, ruinas, vestigios que aún nos quedan del Paraíso en muy pocos lugares privilegiados sobre la tierra.

...Se rindió al sueño en aquel paraje encantado, o cedió más bien a la fuerza de un desvarío profundo, que ganó sus sentidos y dio suelta a la fantasía... Se hallaba solo en un nuevo Edén... ¡Qué ilusión! ¡Qué misterios y qué enigmas del corazón! Veíala en sueños por la primera vez, y la veía en diversos lugares y en diferentes apariencias, a cual más noble, a cual más atractiva y afectuosa; pero siempre a lo lejos, pero siempre como una sombra, o en el cabo de una montaña, o al través de los árboles, o debajo de un río en lo más hondo, como una luz incierta que reflejan las ondas en medio de la noche. Mil veces se le muestra de estos modos incomprensibles aquella imagen adorada, y otras tantas se pierde en la oscuridad.

(Chateaubriand: *Las aventuras del último Abencerraje*,
Ed. Cebreriró, Valencia, 1827, págs. 44-45)

1

Siendo niño, al rebuscar un día a escondidas la biblioteca paternal, allá en Sevilla, encontré unos pequeños volúmenes que llevaban un título extraño y sombrío. Eran las *Memorias de ultratumba*, de Chateaubriand. No comprendí entonces aquel libro; pero en el niño, como en el hombre, trabaja siempre instintivamente un raro poder de contagio espiritual. Y gracias a ese oculto don quedaron desde entonces gravadas en mi inconsciencia, estímulos para la vida futura, la lírica altivez, la grandeza infortunada que aquel gran escritor mostró por primera vez, como noble ejemplo, a mi infantil espíritu adormecido. Y cuando en la juventud se avanza hacia la vida con un ejemplo como ése ante nuestra voluntad, son varias las veces que quedamos derribados en tierra con un extraño amargor en los labios. Se vuelven entonces los ojos hacia no sabemos qué paraísos terrestres; aunque ya entonces comprenda nuestro engaño que tal anhelo no es más que un atávico sueño. Todos somos libres, sin embargo, para acariciar ese sueño y para situarlo más acá o más allá del mundo. Confesaré que sólo encuentro apetecible un edén donde mis ojos vean el mar transparente y la luz radiante de este mundo; donde los cuerpos sean jóvenes, oscuros y ligeros; donde el tiempo se deslice insensiblemente entre las hojas de las palmas y el lánguido aroma de las flores meridionales. Un edén, en suma, que para mí bien pudiera estar situado en Andalucía.

Si se me preguntara qué es para mí Andalucía, qué palabra cifra las mil sensaciones, sugerencias, posibilidades unidas en el radiante haz andaluz, yo diría: felicidad. Tal vez esta creencia sea una obsesión de poeta. Hoy la vida es dura, fea y pobre. Y siempre ha sido achaque común a gente soñadora el recrear su fantasía en los días de otra época imposible ya. La vida andaluza está ahora corrompida; alguna de sus ciudades se viene abajo materialmente, se consume en silencio, hasta un punto que no es necesario actuar de profeta para anunciar su desaparición espiritual, sino material. Pero qué sueño único, qué fantasía realizada pudo ser la vida andaluza romántica. No olvido, claro es, que en esa tierra el esfuerzo del artista, el esfuerzo desinteresado, no se comprende ni se estima. Con lo ya creado no necesita más la satisfacción y goce humanos. ¿A qué esforzarse, pues? La naturaleza es tan rica allí que sus dones debían bastar generosamente a quienquiera. Ha sido necesaria la feroz civilización burguesa para que el hombre del pueblo andaluz se viera desposeído en un ambiente donde todo respira, al contrario, abundancia y descuido. Poco bastaría allá para la dicha inconsciente. Sé de un árabe tan pobre que sólo poseía, como cosas superfluas, una guitarrilla, un ave enjaulada y una maceta de albahaca. Sentado por la mañana en una roca sobre el mar, tendía su aparejo de pesca que le procuraba el mínimo alimento cotidiano; y allí, entre el trinar del ave, el perfume de la albahaca y sus propios sueños, que acompañaba a veces con la guitarra, dejaba pasar los días, cuyo semblante para él no era otro sino el mismo uniformemente feliz de su desinterés sonriente. Y esa actitud vital ¿no es puramente romántica? Por lo menos ése es el romanticismo indolente que el ambiente andaluz nos inspira; tanto, que si quisiéramos definir Andalucía, sólo en el romanticismo se hallaría la fórmula mágica que apresara en palabras su vívido encanto. En la época romántica tuvo su hora Andalucía. Lo triste es que la dejara sonar en vano. De ahí la invencible melancolía que su contemplación produce.

2

Si la actitud romántica es sólo una fecha en la historia del espíritu y desaparece pasada esa fecha, hablar hoy de romanticismo únicamente significaría conmemorar un gesto perdido, pero no el continuo fluir de una corriente inagotable en la criatura humana. Mas el romanticismo, como el héroe que lo encarna en *Cádiz*, el novelesco episodio de Galdós, repite apagadamente en nuestro oído: «¿Crees que muero? ¡Ilusión! Yo no puedo morir; yo soy inmortal». Al hablar, pues, de romanticismo no se crea que repito esa gran palabra para celebrar una conmemoración; con ella designo algo tan vivo y fuerte entre nosotros que en torno nada encuentro donde puede cifrarse idéntica riqueza de posibilidades. Tal vez deba excusarme por referir el romanticismo, no a un escritor o un artista, cosa frecuente, sino, cosa menos frecuente, a una tierra; por referirme al romanticismo vivo y esencial de esa grande y extraña tierra andaluza, como clave para adentrarse en su cambiante atmósfera. No pretendo con ello descubrir su misterio, porque, sea o no posible descifrar misterios, conviene dejarlos como irisado horizonte de nuestra vida, siempre demasiado evidente. Naturalmente que me atrae tanto el romanticismo que pudiéramos llamar histórico de Andalucía como su romanticismo eterno, viva cifra del espíritu y cuerpo andaluces.

No me interesa ahora la aportación literaria de esa tierra al romanticismo español, aunque Bécquer, nuestro poeta romántico más considerable, sea andaluz. En cierto sentido yo no vería otro nombre que pudiera oponérsele, si no es el de la gran Rosalía de Castro; verdad que, procediendo sin embargo de Bécquer, hay en ella resonancias de distinta época. Mas, en general, cabría decir, si Andalucía da a España la poesía del Duque de Rivas, en cambio Espronceda no es andaluz. Y no obstante haber en los versos del cordobés una cierta prestancia que no es fácil hallar en Espronceda, no digamos en el pobre Zorrilla, podrían equipararse ambos poetas. Otros nombres de románticos menores, Enrique Gil, Pastor Díaz, Piferrer, deliciosos por lo demás, tampoco son andaluces. No es, pues, una cuestión de romanticismo exclusivamente literario lo que aquí me interesa en relación con Andalucía, sino cierta particular atmósfera embriagadora que baña hoy calladamente esa tierra y que, visible y manifiesta en la época romántica, atrajo a muchos artistas extranjeros. Es su forma peculiar de vida colectiva lo que me preocupa, no unas vidas andaluzas aisladas. El romanticismo respira todavía en Andalucía, y respirará siempre, porque es consubstancial con su espíritu.

Un andaluz desterrado en Castilla es quien distrae aquí la fantasía en pena hacia unas tierras misteriosamente claras, hacia el distante mar del sur, con unas profanas divagaciones acerca de su patria romántica, sueño de unos poetas desaparecidos hace tiempo y obsesión tal vez hoy de algunos en vida. No se busque todavía en estas páginas precisión; en Andalucía los contornos se esfuman con una niebla irisada, con un miraje prometedor muy distinto de la fatal evidencia del horizonte castellano. Existió, sin duda, una Andalucía tal como los románticos la soñaron desde tierras lejanas y tal como la buscaron una y otra vez, con enconado afán, en sus viajes a España. Tal vez sea una locura perseguirla hoy a través de las tristes deformaciones, las toscas mentiras, el falso amor de sus últimas generaciones; tal vez esto no sean sino fantasías sin fundamento. No importa. Si existe una Andalucía espiritual sólo en el romanticismo podemos hallar sus últimas huellas colectivas. Es agradable para mí adivinar su vívida forma, su contemplativo encanto, entre los ecos de unas voces hoy desaparecidas, que tan bien supieron comprenderla y amarla.

Mas son tantos, tantos, los libros románticos que a ella se refieren. Yo no pretendo conocerlos todos; quizá conozca los más urgentes. Además, ¿qué Andalucía parece hoy más verdadera; la de los nacionales, Estébanez Calderón, por ejemplo, o la de los extranjeros, Byron, Chateaubriand u otro ilustre visitante? Bécquer pudo habernos dicho algo; prefirió vivir y morir como callado andaluz. En sus leyendas, en casi todas, alientan ambientes extraños a su tierra. Sólo *La venta de los gatos*, y *Maese Pérez el organista*, son evocaciones de ella, aunque su andalucismo, sutil como un hálito, baña profundamente cualquier atmósfera que descubra. Y Toledo o Veruela, Aragón o Castilla, están reflejados en su irisado vidrio de andaluz nórdico. Pero prescindamos de él ahora; si hablásemos del espíritu andaluz eterno, del cual esa Andalucía romántica es sólo una forma, la más bella quizá de todas la formas que en época moderna ha revestido, otra cosa sería. Tal empresa demasiado grande quédese para un gran andaluz que nazca saben los dioses cuándo. Tal vez nunca.

Recordemos libros, páginas románticas sobre Andalucía. Qué pasto magnífico para el erudito. Quisiera conocerlos todos y verter aquí o allá, dentro de estas líneas, una preciosa gotilla de sus zumos aromatizados y densos con el paso de los años. Como no es posible, tengo que mezclar, entre los ecos de esas nobles voces extintas, la mía viva y descuidada. Pero autorizada quizá por toda una niñez y adolescencia andaluzas pobladas de romántica soledad y lírico anhelo. No se me tache de capricho por estas divagaciones; advertidos quedan quienes me vayan siguiendo en ellas. Tanta parte tienen aquí las referencias concretas de un libro como las fantasías de quien esto escribe. Por lo demás, poeta y erudito son semejantes al amante joven y al viejo enamorado de que habla La Rochefoucauld; aquél quiere ser fiel y no lo consigue; éste quiere ser infiel y no puede. Me resignaré a la infidelidad.

Quiero alegar, en cambio, que las referencias aquí mencionadas han dejado desde hace tiempo en mi espíritu su sombra y olvido. Esa pequeña compensación hará, si soy infiel, que mi engaño sea lo que pudiera llamarse una hermosa infidelidad. ¿Quién ignora la fuerza de un recuerdo y de un olvido para formar un temperamento? Somos hombres en tanto podemos olvidar y recordar; y aunque parezca triste que el placer pueda lo mismo olvidarse que recordarse, hay un equilibrio en que sea su luminosa realidad pasada, unida cínicamente con la otra más punzante de penas y dolores, quienes nos formen sin prisa, como la sucesiva corriente del río forma y asienta, o arrastra en definitiva, las piedra que pueblan sus riberas. Una vez muertos, el olvido, que durante la vida tan insistente cerco tenía colocado a nuestra memoria, entra dentro de ella, abrazándola estrechamente, hechos ya una sola y única sombra en el pasado.

3

La Andalucía romántica... ¿No es verdad que su encanto, al ser recordado hoy, merece de nuestra parte algo más que espigar entre las alusiones a ella hechas para reunir en su honor un amarillento haz? Merece que la fantasía de un poeta hastiado de nuestra época y deseoso de otra más libre, o por lo menos más desatada, sueñe a su lado, bajo la azulada sombra de un sol que no se ha puesto todavía.

Escritores dados al viaje han existido en cualquier época literaria. Pero hay una obsesión particular a cierto tipo de artista romántico, que pudiéramos llamar errante en oposición al romántico sedente; cierto tipo de artista atraído por una determinada forma de vida, característica, según él, de un determinado país. El romanticismo tuvo, como sabemos, un origen nórdico; y del norte bajó hasta el sur. Un invencible capricho de la fantasía me lleva a suponer, en no sé qué época anterior y remota, un viaje contrario, sur a norte, de un sutil espíritu demoniaco, un maligno Ariel, que se divirtiera insuflando en las inteligencias humanas irisadas mentiras y soñolientas verdades. Y que allí, en el norte, adormecido entre nieblas, lluvias e hielos, hubiera permanecido largos años. A su sueño deberíamos los pequeños templos románicos levantados bajo cielos tempestuosos; los altivos castillos a cuyos pies huye un verde río; góticas esculturas donde lo ideal se une a la socarrona bufonería; lienzos como una misteriosa mirada sobre la intimidad. Y tantas otras obras exquisitamente diabólicas. Pero un día este espíritu, cansado de su larga somnolencia nórdica, sacude las nubes y corre de norte a sur; entonces levanta a su paso esa tempestad llamada romanticismo, agitando a los hombres, como el viento que según un cuento de Andersen se divierte, al cruzar sobre China, con impulsar las menudas campanillas de plata que penden en los tejados de templos y palacios. Y allá van, encantador y encantados, a buscar el sol y la languidez meridionales, llevando consigo, extraña coincidencia, un eco de nieves dormidas bajo un cielo envolvente tal una estancia acogedora.

Dos países atraen particularmente el romántico éxodo hacia la luz: Italia y España. Países los dos habitados en anteriores épocas por otras civilizaciones desaparecidas. Pero si Italia pretende hoy continuar la tradición romana, en España la tradición árabe ha sido casi olvidada. Pocos son quienes recuerdan o quienes conocen a los poetas y filósofos, a los artistas árabes españoles. Y sin embargo son nuestros, tanto como los de tradición castellana. El suelo y el aire quedaron impregnados de algunos dejos, eco de aquellas razas extintas; dejos que, respirados por los nuevos pobladores, pasan a ser parte de su espíritu. ¿Era ese melancólico eco lo que buscaban los viajeros románticos? Tal vez por lo que a Italia respecta; mas por lo que a España se refiere, a pesar de la Alhambra, a pesar de la Mezquita de Córdoba, a pesar del Alcázar de Sevilla, buscaban algo más. Algo que también existía, aunque de diferente modo, en Italia; pero que allí pasaba a segundo plano por la imperiosa voz de la tradición romana. Y ante la llamada que hacía el espíritu de un pueblo perdido, en el mismo aire que el viera agitarse y desaparecer, la inteligencia de esos ilustres visitantes quería suponerlo vivo aún a través de sus obras inmortales. Mas en España buscaban una salvaje libertad vital, cosa desconocida en sus países originarios, ya aferrados entre las garras de una civilización burguesa. Víctor Hugo sueña en París acodado a su ventana, mientras la sombra crepuscular se adensa en el corredor, «con alguna ciudad morisca deslumbradora e inaudita» que desgarre con sus agujas de oro la niebla que le envuelve. Tal anhelo oriental es preciso en su vaguedad. ¿No vemos ya erguirse en un cielo radiante las arábigas torres andaluzas? Porque los románticos, en España, quieren ante todo Andalucía. Hoy todavía no es raro que algún cándido viajero encuentre lo meridional apenas cruza el Bidasoa. ¿No dio en 1828 el traductor francés de *La Estrella de Sevilla* como título a su versión este de *El Cid de Andalucía*? Bien visible es la obsesión hacia lo andaluz; gracias a ella no había obstáculo para unir cosas tan antagónicas, tan irreconciliables como Andalucía y el Cid, en una denominación más significativa aún de la obra a juicio del adaptador.

Pero preciso es reconocerlo, faltó a Andalucía en esa época el prestigio hondo y sutil que infiltraron a la atmósfera italiana los poetas ingleses y alemanes. Y ésa será ya siempre la ausencia terrible en Andalucía de algo que no es nada y es todo para una tierra. Quién pudiera infiltrar ese divino don en el ambiente andaluz... Tal es su dramática expectativa. Las revueltas olas de Viareggio arrojaron el cadáver de Shelley sobre la playa indiferente; en Roma, entre cipreses viejos y viejas piedras descansa el etéreo recuerdo de Keats. Una gloria imperecedera va unida a la tierra que presenció el ocaso de tales espléndidas criaturas. Byron muere en Grecia, y la fama de su nombre, casi, da la libertad al pueblo griego. ¿Qué puede ofrecer nuestra pobre y hermosa Andalucía? A pesar de su modestia, en ella buscó Chateaubriand honor y poesía; Byron, una distracción salvaje a su preconcebido hastío; Mérimée, el fuerte contraste entre la vida parisién, ambiente intelectual y salón rumoroso, con el perezoso campo andaluz, de rudas pitas, olivos cenicientos y sendas rojizas por donde cruzan los arrieros con sus menudos borriquillos. No puede ofrecernos Andalucía ningún melancólico recuerdo de aquellos románticos visitantes; sus vidas pasaron por allí sin dejar otro rastro que el lejano de unas cuantas palabras admirativas. El sol radiante, el mar refulgente y la vida ociosa y lánguida del sur se miran frente a frente, sin que los cruce el pensativo fantasma de ningún poeta famoso. Pero, sin embargo, allí convergieron algunos afanes humanos buscando la realización de un sueño presentido.

4

Cálidas ciudades de nieve y espuma, escalonadas al lado del mar o escondidas como altaneras aves entre las montañas, tendidas en una verdosa marisma o en soñoliento valle; habitadas por hermosas criaturas de oscura piel y revueltos cabellos, con pupilas de sombrío fulgor, talle quebradizo, ronco y cadencioso hablar. Unas veces tienen como fondo la fuerte y esbelta arquitectura de los navíos anclados en el puerto callado, libre del horrible tráfico vulgar, si no es el ir y venir de cuerpos sin prisa, casi desnudos como dioses o cubiertos con ligeros vestidos de sonoros colores. Otras es la calle aguda y flexible como un acero, con los tejados tan próximos dejando percibir una estría de luz embriagadora. Las casas de gruesos muros y rejas dramáticas permiten a la mirada envidiosa perderse en el encantado vergel que asoma apenas por una revuelta del oscuro corredor. Y un silencio, un silencio donde se aspira, denso como gotas de lluvia, el perfume de los jazmines, de los nardos y de las magnolias. Tal vez una voz gutural lejana lo rompe con un grito que se apaga en cadencia ondulante, igual que las olas del mar sobre la playa. ¿Cómo no añorar un paraíso semejante desde las horribles ciudades modernas?

Pasados los primeros años románticos, Baudelaire no tuvo ya fuerzas para buscar en parte alguna la realización de tal sueño. Con él la fantasía huye hacia tierras lejanas. Pero sus visiones de cálidos climas casi no tuvieron una realidad directa; apenas si los entrevió en un rápido viaje de juventud. Fueron, no obstante, un sueño acariciado a lo largo de su vida, desde el diván, en la vaga habitación de una ciudad grisácea. Stevenson y Gauguin, cerca de nosotros ya, van más lejos aún, a los mares del sur, en busca de ese sueño realizado que los románticos hallaron tan cerca. Hoy los arcángeles yanquis, con espada de fuego, se encargarían de amargarles su edén. Apenas si quedan paraísos románticos en la tierra. ¿Por qué no volver los ojos hacia Andalucía, donde aún se conservan restos de una especial libertad? No en vano los escritores del pasado siglo pusieron en ella sus ojos. Esa tierra parece conciliar, por una rara armonía, contrapuestos extremos.

Voltaire, en su *Ensayo sobre las costumbres*, dice refiriéndose en general a nuestra patria: «Todo el mundo tocaba la guitarra, pero no por ello estaba menos extendida la tristeza sobre el haz de España». ¿Se quiere algo más para despertar el fervor de los jóvenes románticos? Bien; hay más. Agrega Voltaire que componen las costumbres del pueblo español «orgullo, devoción, amor y ociosidad». Aquí está en germen lo que hoy consideramos como más fácil dentro de la observación romántica de nuestra vida. Y al decir nuestra debo aclarar que refiero ya esa observación a Andalucía. No se crea por ello que es afán andalucista mío el aplicar a dicha tierra palabras escritas para España en general. En todo caso, si andalucismo hay, es un andalucismo que ha existido y existe todavía. Los lejanos viajeros románticos no dejarían de tener idéntico parecer. Cuando Edgar Quinet asiste en Madrid a una corrida de toros, celebrada con motivo de la mayor edad de Isabel II, contempla como buen espectador la fiesta; defiende, elogia y admira según su diverso grado de interés. Pero llega el momento en que unos bailarines, ataviados con trajes de las diversas regiones, ejecutan sus danzas. Toca su turno a los andaluces, y el viajero se exalta transportado a no sé qué cielos: «Los más ricos, los más brillantes son los andaluces; de grandes sombreros, ligeras alpargatas y mil bordados unidos con agujas de acero». Y luego: «Ha habido un momento que se adueñó de la gente; cada bailarín andaluz se prosterna hasta el suelo, como para coger flores que esparce luego sobre la frente de su compañera. Después apoya su cabeza sobre el hombro de la andaluza, permaneciendo inmóvil. ¡Oh silencio, ensueños, meditaciones del amor al oscurecer de un día en Andalucía, bajo las estrellas de Granada! ¿Qué poeta los pintaría mejor? No sé si este detalle forma de ordinario parte en tal clase de baile o si fue improvisado; pero la gracia, nobleza, amor e inspiración de ese solo movimiento se adueñaron a un tiempo de diez mil espectadores. Se levantaron transportados, y estallaron gritos de entusiasmo, salidos del alma, como nunca los había oído».

¿Qué bailarían? Probablemente el romántico fandango. Pero sí, buen viajero exaltado, Andalucía embriaga, como embriagan el alcohol y el opio. Y lo mismo les ocurre a otros visitantes, que naturalmente no voy a citar también. Bien sé que las viejas ciudades castellanas, Burgos, Ávila, Salamanca o Segovia, tienen, cómo no, sus admiradores. Pero la superstición castellana no existe en esa época; se ha producido a fines del siglo pasado. Cierto que la figura literaria del Cid o de Don Quijote atrae también hacia la tierra escena de sus hazañas; pero tras del prestigio literario del Cid, del Hidalgo, o de otro cualquiera entre nuestros literarios héroes, buscaban los románticos, preciso es reconocerlo, realidades más concretas y tangibles. No me refiero a Gautier, cuya facundia exterior podemos disculpar hoy en gracia a su colorido, sino a casi todos los demás viajeros. ¿Se quiere realidad más concreta que el pie gaditano, ojos cordobeses u otra cualquiera perfección física andaluza? Unos radiantes ojos cordobeses a flor sobre la pálida piel morena pueden valer, en una fantasía romántica, toda la historia del Cid[1]. No sé por qué supongo una razón concreta de esa especie como causa que arrojó en la costa atlántica andaluza a lord Byron igual que un fatal meteoro. Más tarde y tras

1. Y esa realidad, según lo comprobado por mí, continúa repitiéndose; vi desfilar por las calles de Córdoba ojos almendrados de brillo sombrío, como no he encontrado en otra parte, si no es en pinturas y esculturas egipcias.

él, siguiendo sus huellas, pasó Disraeli el dandy, todavía disponible, sin profesión de fe conservadora.

Realidad sin otro valor que el de la leyenda, esa de los atractivos concretos –se me dirá–. ¿Y bien? Cuánto habría que decir en defensa de la leyenda romántica... Casi todo lo que se escribe sobre Andalucía no es más que una repetición sin gracia ni fuerza de lo que los románticos supieron ver con una originalidad certera y poética no superada por nadie después; si no es, claro, por los poetas andaluces contemporáneos, maravilloso mundo andaluz al cual no me refiero ahora porque me llevaría demasiado lejos. De los costumbristas más o menos actuales no quiero hablar. Si amamos Andalucía, si queremos conocerla, confrontar nuestros recuerdos y creencias con otros de ilustres espíritus, a los románticos debemos acudir. Una vez, cierto profesor vasco habló de la intelectual profundidad de las ciudades castellanas, oponiéndolas a las andaluzas, adecuadas, según él, para ser visitadas por «tenderos enriquecidos». Ataques de tal índole allá se van con los elogios igualmente ignorantes. Entre unos y otros Andalucía permanece en su límpido aire romántico, misteriosa, distante y seductora.

5

En el prólogo a *El último Abencerraje* dice Chateaubriand: «Recorrí la antigua Bética, donde los poetas habían situado la felicidad». Qué melancólico sentido adquieren hoy para el viajero esas palabras. Sí, allí estuvo situada la felicidad; estuvo... Hoy sólo queda, como en la mano que guardó prisionero un pájaro luego huido, una vaga tibieza, un vago dejo dichoso que nos hace sonreír levemente sin saber por qué; y en el fondo más bien sentimos deseos de llorar.

Para el viajero sentimental sus días vagabundos resultan una sucesión de elegías interrumpidas por breves instantes de pereza; lo cual, es verdad, viene a ser una misma cosa. Su ánimo volublemente triste queda prendido acá o allá; en un viejo convento abandonado, de claustro medio derruido, adonde asoma entre la yedra y ortigas un delicioso ajimez, trémulo aún con su graciosa esbeltez, como recién creado a la luz; o en una alta roca sobre la playa solitaria, que entre los restos de un fuerte yergue un blanco faro, cuyo volado seno bien pudiera ser morada del amor. En cuántos lugares no cree hallar el fantasma de la dicha, adelantándose hacia él sonriente con un dedo sobre los labios, como invitándole a no prolongar más su vana peregrinación, porque allí le aguardan inacabables horas de tregua divina. Y no quiero aludir a la lánguida perplejidad, al vago presentimiento de faltarle algo esencial, presentimiento que le acomete en sus andanzas cuando encuentra criaturas perfectas. Límpidos ojos ignorantes, graciosas líneas juveniles bajo una vulgar vestidura, detienen y fijan por unos instantes su incierta atención, con la imperiosa llamada de un instinto que quisiera ser dueño de cuanta hermosa criatura ven los ojos. El placer entra por los sentidos a nuestro espíritu; llama con presurosa mano a los deseos, que bien quisieran dejarle paso; pero siendo ellos quienes más le codician deben casi siempre reconocer modestamente su impotencia. Y se duermen de nuevo para no agravar el conflicto.

Cómo no recordar tu destino, romántico y anónimo viajero sentimental, lejano hermano mío, al recorrer ahora con el pensamiento la tierra andaluza. Alguna parte de tu exquisita melancolía oprimió mi pecho al visitar Cádiz por primera vez.

Cádiz es quizá la capital posible de Andalucía; fue centro de España en la época doceañista; y esos días prerrománticos son los que todavía vive. Cuán vanamente han dejado los andaluces pasar el tiempo, su tiempo, porque no han tenido otro; esa tierra dilapidó el sueño romántico, y Cádiz paga ahora pecados de toda Andalucía. Un encanto maléfico parece pesar sobre su destino. En cada época se oye hablar de Cádiz como sobreviviéndose a un activo pasado. ¿No descansará esa creencia en una ficción? En verdad a Cádiz le va muy bien su delicado no hacer nada; pero al fin menudas chispas de fuego anuncian hoy que allí hubo, más o menos considerables, alguna hoguera. De sus imprentas salió el primer volumen de versos publicado por el Duque de Rivas, que entonces sólo era Ángel Saavedra; en sus tertulias, las extinguidas tertulias gaditanas, apareció un nuevo espíritu español. A una de estas tertulias va vinculada por recuerdo familiar la buena de Fernán Caballero, cuya pintoresca tontería llega a hacer de sus *Cartas* un libro verdaderamente original. Por lo demás, la novela andaluza, desde ella hasta Valera, no gira sobre muy distinto eje. Conoce el ambiente y lo ama; cómo pide a sus amigas copias de aquellas canciones populares que puedan recoger aquí o allá, entre Cádiz y Sevilla, donde su vida se desliza. Valera no cambia ese menudo mundillo a medias novelesco más que en ver a distancia el escenario; a distancia en sus dos sentidos de lejanía y de altura. Pero la sociedad es la misma.

Todos los itinerarios románticos incluyen Cádiz en sus días andaluces. ¿Y cómo no? Igual que a Ronda, lo baña esa atmósfera particular de aquella época. Siempre recordaré su Ayuntamiento, celeste, dorado y blanco, con aquella deliciosa cupulilla levantada como una magnolia en un cielo claro, de tan sutil y penetrante luz caída. No sé si me explico con esa palabra para expresar la luz romántica de Cádiz. Es una luz que no fulge desde arriba, sino que hiere de soslayo, tal un adiós sin fuerza ya. Su encanto es el mismo de Ronda; las dos ciudades más románticas que conozco, una marina y otra de tierra adentro. También vibra en Ronda el mismo aire pretérito que se halla en Cádiz. Recuerdo ahora, al referirme a Ronda, no la magnificencia elocuente de su balcón sobre la sierra, donde el hombre queda colgado como un ave sobre uno de los paisajes de tierra más espléndidos que conozco, sino un pequeño detalle. Ni siquiera es la portada encajada en su plaza de toros, tan romántica ésta además, sino, anotación sin importancia, la extraña reja de un balcón; toda cerrada y sin embargo abierta, porque no tiene cristales; de techo curvo, con una corona en el remate, como un historiado lecho principesco. Más que balcón parece un tocador galante; pero donde las curvas pudieran sugerir ideas muelles, la materia, el hierro desnudo, habla de algo muy distinto. Es imagen misma de Andalucía, lánguida y fuerte como un árabe voluptuoso.

Creo que si buscamos el rastro romántico de Andalucía, queremos llegar a su corazón, sólo Ronda y Cádiz pueden ser elocuentes con nuestro afán. Cádiz ¿no es espejo del romanticismo; un miraje apasionado, una promesa elocuente? Algo como ligera angustia, como el peso de una dicha pasada, nos oprime el pecho al respirar su mágica atmósfera. ¿Por dónde vamos caminando? Una calle recta y estricta para nuestro cuerpo solitario se alarga ante el incierto deambular; leves matices claros, no rosa, verde manzana, celeste o blanco perla, sino cambiantes irisaciones nacaradas, espectros de casas, se insinúan a los lados, y al fondo una línea azul alta: el mar: ¿Desorientados ya? De vez en vez una sonriente placilla abandonada con sus árboles; es lo único que al principio parece una indicación, pero que luego es un engaño más. Volvemos los pasos en sentido contrario; los mismos espectros sonrientes de las fachadas, la misma línea azul alta al fondo. ¿Es una isla esta ciudad? El mar ciñe como cinta de zafiro y diamante el claro prodigio romántico de Cádiz, pero deja una estrecha faja de tierra que se alarga hasta alcanzar la costa. De lejos parece la ciudad un reflejo de luna caído en el mar y nos acercamos a ella temiendo que se desvanezca. La luna, celosa del amoroso sol meridional, ha querido dejar allí un recuerdo constante de su extraña seducción, tan distinta de aquella del sol, pero igualmente penetrante. Quién sabe si, como Lohengrin, no se desvanecerá cualquier día en el horizonte acuático, convertidas sus murallas en escuadrilla de cisnes que la lleven mar adentro, lejos de nuestros ojos enamorados.

6

Abandonemos el mar andaluz, porque el itinerario romántico sólo va de Granada a Córdoba, de Córdoba a Sevilla, de Sevilla a Cádiz, dejando acaso caer una desdeñada mirada sobre algún pueblo intermedio. Pero hay más cosas en Andalucía, románticos amigos míos. ¿Cómo olvidar Huelva y su colina ocre, desde la cual se divisan dos ríos moribundos, desmayados antes de llegar al mar invisible? Y Almería, la ciudad del desierto y el mar, donde las horas no pesan y donde los bares parecen servir hoy marihuana a los descuidados clientes, según la perfecta indolencia de las horas que en su seno acogedor dejamos pasar, mirando, como los dioses, el cortejo de los mortales que se precipita ante nuestros ojos tranquilos. Y Málaga. Pero de Málaga, por modestia, no sé qué decir; me parecería hacer mi propio elogio. Sigamos nuestro itinerario.

Casi pudiera decirse que esos pretéritos días son los últimos de Sevilla. Si el encanto romántico alemán es líricamente inteligente, Goethe, Hölderlin, Novalis, el encanto romántico de Sevilla es muchas veces una lírica renuncia a lo inteligente; no comprender, no pensar, sino dejar resbalar la corriente vital sobre el cuerpo lánguido, beatamente animalizado. Pero esa actitud sólo tiene completa justificación y excusa en el mar, cuya solar fuerza azul absorbe toda actividad intelectual, como si fuéramos oficiantes de su culto y a él se destinaran íntegras nuestras fuerzas. En cambio, tierra adentro, en Sevilla, no hay tan poderoso motivo. Ya el pobre Borrow hace exclamar a uno de sus interlocutores: «¡Libros en Sevilla, donde nadie lee, como no sean novelas nuevas traducidas del francés y obscenidades! ¡Libros! ¡Ojalá fuese gitano, que entonces vendiendo burros sería al menos independiente y más respetado que ahora!». Esa falta de estímulo espiritual, esa desgana, hace que esta ciudad aparezca como caída en un letargo. Sólo la animaban aún en esa época sus veladas en la plaza del Duque, de las que habla no sé dónde la Avellaneda; o en el desaparecido paseo de Cristina, de quien habla Gautier. Hoy quedan ciertos palacios, ciertos jardines inolvidables, como los del Alcázar; pero todo da una impresión de vida que se agota. Borrow, poco dado a anotaciones sentimentales, habla también del «melancólico silencio» de Sevilla. Sólo de vez en vez, a lo largo del tiempo, un destello de genio la cruza calladamente, como en el caso de Bécquer. Por eso quizá el encanto romántico andaluz tenga en esta ciudad un cariz moribundo; es una dorada ruina. Hoy tal vez no sea fácil percibir esto, porque una ola de falsa tradición renovadora la ha venido anegando en los últimos años; se la ha disfrazado como para un carnaval. Pero no es más andaluz quien de andaluz se disfraza, sino quien lleva intacto dentro de sí, límpido y seductor, el reflejo de esta tierra misteriosa, perezosa y activa, vívida y soñadora. ¿Qué relación tiene lo otro con Andalucía? Preferibles son mil veces las ruinas, fieles siempre, a ese absurdo y externo andalucismo reciente, de una facilidad repugnante. Vergüenza de todos los gestos, gritos, coplillas y escenas vulgares, compuestas a imitación de algo que nunca fue real. Hace tiempo buscaba yo viejas fotografías sevillanas, comparándolas mentalmente con la ciudad actual. Qué desolación. No tener presente, pase; pero no tenerlo y destruir además el pasado admirable... Refugiémonos, pues, en él.

Clave de la Sevilla romántica es Murillo. Ya sé, ya sé; Murillo no es un pintor históricamente romántico[2]. ¿Qué importa? Dos figuras no históricamente románticas llenan, sin embargo, su romanticismo: Murillo y Mañara. He hablado en otra ocasión del andalucismo nórdico de Bécquer. ¿Se me permitirá encontrar en Murillo otro andaluz nórdico? Todos conocemos qué pomposo derroche de color han venido empleando, y emplean todavía, ciertos pintores al intentar trasladar al lienzo paisajes o figuras andaluces. Véase cualquier paisaje de Murillo; se diría un paisaje nevado. Extraños árboles lunáticos, grises horizontes y cielos grises; aquí o allá, como leves insinuaciones, unas pinceladas de un blanco opalino, malva o rosa desvaído. Tales son los colores que ostentan por lo general los paisajes de Murillo. Pero qué exquisitamente andaluz y qué exquisitamente popular. Comprendo que a los escritores españoles de fines de siglo pasado no pareciera interesarles este pintor. Si explícitamente no lo han desdeñado, ésa es al menos la época en que la burguesía letrada encuentra distinguido sonreír compasivamente ante Murillo. Y con cuánta razón –apresurémonos a añadir–. ¿No es ésa la época álgida del más inefable producto que haya podido dar la actual sociedad: el

2. Por esa razón, de poco valor en Murillo, no aludo a otros pintores andaluces clásicos; y lo siento, sobre todo en cuanto al cordobés Pablo de Céspedes, desconocido y admirable.

burgués pedante? Imposible que éste percibiera el sutil aroma popular de tan incomparable pintor. Muchas veces la verdadera elegancia española está en el pueblo, y en él tenemos que buscarla los artistas.

Pero ¿cómo explicar esa resonancia romántica de Murillo? Hay en él un gusto por lo popular, por las escenas íntimas, por la realidad vívida, que sólo el romanticismo trajo conscientemente a la luz. No, no me recuerden la novela picaresca. Tienen sus chiquillos comiendo fruta, contando dinero o dormidos en un rayo de sol entre sus andrajos, una seducción humana insólita en el espíritu español. Pocas obras de nuestra pintura son tan líricas como *La cocina de los ángeles*. No hablemos de sus grandes lienzos del Hospital de la Caridad, en Sevilla; son altos entre las más altas obras nacionales. Bien lo conocían los viajeros románticos. Sevilla para ellos, es sabido, está en la Catedral, el Alcázar y los lienzos de este pintor. Añadamos los palacios, jardines y paseos, hoy poco a poco destruidos, y está esbozado el escenario romántico sevillano. Pero aún queda algo: hablaba del Hospital de la Caridad. ¿Quién no recuerda el nombre de su fundador? Mañara, el galante héroe que inspira a Mérimée *Las ánimas del purgatorio*; el galante enamorado que escribe después de su conversión tratados ascéticos, y según la leyenda planta rosales todavía. ¿Cómo podían abandonar las gracias del mundo a un sensible andaluz, aunque éste aparentase desdeñarlas? Lo verdaderamente ascético es que su palacio esté hoy convertido en almacén.

Calles, plazas y jardines sevillanos del pasado siglo; noches estivales en las umbrías alamedas vagamente alumbradas; dejadez, voluptuosidad... Pero un romántico visitante dice hablando de esta tierra: «Un cielo encantador, un aire puro y delicioso llenan el alma con una languidez secreta, de la cual el viajero que pasa no debe defenderse. Sentimos que en aquel país las tiernas pasiones hubieran apagado prontamente las pasiones heroicas, si el amor, para ser verdadero, no tuviese siempre que acompañarse de la gloria». ¿Qué ocurriría si el amor desaparece, cediendo el puesto, ni siquiera al capricho, sino a la imitación amorosa? Todo se viene entonces abajo. Ah, Sevilla, Sevilla...

7

«¿Quién no ha edificado alguna vez con la imaginación su palacio morisco; quién no ha levantado durante una hora de éxtasis un paraíso terrestre en la ladera de una colina de naranjos, adonde todas las cosas sonríen con una promesa de dicha?», exclama Quinet ante la Alhambra. Granada, para los románticos, es la Alhambra; como Córdoba es la Mezquita; porque en aquella ciudad, lo mismo que en ésta, el recuerdo de una civilización desaparecida es imperioso para el viajero sentimental. Pero, a diferencia de lo que ocurría en Italia, ese recuerdo se mezcla con el muelle abandono del ambiente; y el recuerdo histórico pasa a ser voluptuosidad, como la muelle sensación de placer inconcreto tiene alguna raíz pretérita. No me atrevo, sin embargo, a decir que un placer individual pueda a veces confundirse con la imponente masa de la historia, aunque desee, por mi parte, que algún historiador sensible nos dé cualquier día una historia de los placeres.

Medio ascéticas por la melancolía de las ruinas, por la tradición de un pueblo hundido en el olvido, medio voluptuosas por su realidad tentadora, estas ciudades andaluzas de monumentos memorables tienen sobre todo para nuestra sensibilidad algunos rincones de recogimiento ancestral. Son esos jardinillos de columnas marmóreas y blancos muros, que guardan en su oculto alentar unos mirtos, unos laureles, unos rosales y acaso algún ciprés o palmera; pero, sobre todo, encierra aquello que en Andalucía es tan necesario como el aire: un estanque donde el agua verde sueña cara al cielo, entre el sosegado silencio del jardín. Ese silencio no tiene par en sitio alguno. No es el suyo el muerto silencio monástico; tampoco es el silencio de los parajes ruinosos, retirados hace largo tiempo de la vida; ni es el silencio de la habitación a solas con los sueños y pensamientos de su morador. Participa de todos ellos y es además el silencio elocuente que rodea a las tácitas voces de la naturaleza. Las cosas parecen calladas al irrumpir entre ellas nuestro cuerpo; mas presentimos que al retirarnos el hondo coloquio volverá a brotar. Y si el agua de la fuente late con un lento suspiro, la sensación de un eco rezagado es más aguda aún. Acaso si esa voz nos habla sea su lenguaje una invitación para sumirnos en aquel diálogo de la naturaleza; piedra, vegetal y agua sueñan, aman y desfallecen bajo el profundo cielo andaluz. Pero hay en tal invitación una seducción peligrosa: la seducción de la inmovilidad. ¿No es ésa la seducción de Córdoba, de Granada? Gautier, el ruidoso, huye de Córdoba, apenas ha visto la Mezquita; el silencio lo anula. Las tertulias granadinas lo retienen más tiempo entre el Generalife y la Alhambra; y, a pesar de todo, traza de la vida granadina, descuido, ocio, placer, un cuadro bastante exacto, que podemos extender a toda la Andalucía romántica.

Pero no sé qué secreto tienen aquellas escondidas aguas andaluzas; su sonido nos sumerge en una beata inmovilidad como ninguna música del mundo. Y estas sirenas de la tierra, aprisionadas en fuentes, estanques, aljibes o canalillos, cantan en nuestro oído, llamándonos pausadamente. Un encanto romántico palpita entre los bordes de piedra que las aprisionan. Recuerdo la leyenda del anillo de Carlomagno, el cual se lo arrebataron durante el sueño para romper el hechizo que, gracias a él, lo unía con una mujer aun después de muerta ésta. Arrojaron el anillo a un lago; ya no pudieron apartar al rey de aquellas márgenes. Sentados al lado de la fuente, inclinados sobre la letal mirada de aquellas verdes pupilas, dejamos pasar hora tras hora sin importarnos qué sean el tiempo y la vida. Tal vez en esa agua repose el anillo por cuyo hechizo amamos fatalmente aquellos parajes; anillo perdido en época remota y que ejerce sobre un espíritu afín con el del antiguo dueño idéntica atracción. Imposible abandonar aquel patio, entre cuyos ladrillos, que el tiempo ha vuelto de un color rosa amarillento, brotan de los arriates las hojas aceradas de los naranjos. Aún la estrecha cancela herrumbrosa, encajada en el marco de piedra, deja vislumbrar una descuidada arboleda de senderos abandonados. ¿Será ése nuestro edén perdido? No sé. Pero en el fondo de estos quietos aljibes alienta algo de su secreto.

Los románticos supieron languidecer ante la quietud de esas aguas. Recordaban la figura del Rey Chico de Granada, aquel pobre soñador caído en las garras de dos rapaces rabadanes castellanos y a quien el destino hizo perder el espléndido escenario que antes le regalara. Entregado a su ocio lírico, a su impotente fantasía, fue espejo de soñadores, a los cuales atormentan deseos más fuertes que su poder en el mundo.

Eso es Granada, eso es Córdoba, eso es Andalucía. Pero cuánto desmayo en su actual realidad. Yo quisiera vislumbrar en esa enigmática existencia surcada de opuestos caminos. Clavado en la Mezquita hay un templo de culto distinto; hundido en la Alhambra hay un palacio castellano; otro hace presa también en el Alcázar de Sevilla. Cuántas líneas cruzadas, opuestas, cortadas y borrosas, como en la palma de una generosa mano. A través de esa red secular se adivina un trazo luminoso y único, inevitable como un sino; ése es el eje espiritual de Andalucía. ¿Quién lo libertará de tantas adherencias impuras? Nadie quizá. Nos queda a los poetas el vago consuelo de soñar esa tierra, ya que su realidad verdadera es hoy un sueño imposible, sueño romántico; uno más, el más triste quizá de esta romántica divagación andaluza.

8

En las sepulturas árabes se abre, sobre la losa que indica el lugar donde desapareció un hombre, una cavidad destinada a recoger durante las lluvias unas gotas de agua. Leí una vez que esa agua, en un clima cálido, es preciosa para los pajarillos del cielo. Como éstos yo he querido templar la sed acercándome a la piedra que cubre el cuerpo dormido de mi hermosa Andalucía. No encontré en su cavidad agua alguna. Y tengo que volverme con mi sed hacia las áridas llanuras castellanas.

ÍNDICE

Se terminó de imprimir esta primera edición

de *Andalucía: cinco miradas críticas y una divagación*,

primer volumen de la colección Ensayo / Clásica,

en Barcelona, el 1 de mayo de 2003